新学習指導要領対応

小学 **3** 年生

学校でも、家庭でも
教科書レベルの力がつく!

国語
習熟プリント
大判サイズ

学力の基礎をきたえどの子も伸ばす研究会

細川 元子 著 **金井 敬之** 編

これなら
できた!

清風堂書店

はじめに

本書は、発売以来三十年以上も学校や家庭で支持され、歴史を積み重ねてきました。

それは、「勉強に苦手意識のある子どもの学習を助けたい」という私たちの願いを皆様に感じ取っていただけたからだと思います。

今回の改訂では、より子どもの学習の質を高める特長を追加しました。

変わらない特長

○通常のステップよりも、さらに細かくスモールステップにする。

○大事なところは、くり返し練習して習熟できるようにする。

○教科書レベルの力がどの子にも身につくようにする。

新しい特長

○読みやすさ、わかりやすさを考えた「太めの手書き風文字」

○解答は、本文を縮小し、答えのみ赤字で表した「答え合わせがしやすい解答」

○随所に、子どもの意欲・自己肯定感を伸ばす「ほめる・はげます言葉」

○学校でコピーする際に便利な「消えるページ番号」

（※本書の「教育目的」や「私的使用の範囲」以外での印刷・複製は、著作権侵害にあたりますのでおやめください。）

小学校の国語科は、学校で使用する教科書によって、進度・内容が変わります。

そこで本書では、前述の特長を生かし、どの子にも力がつく学習ができるように工夫をしました。

まず、「文字学習」「語彙学習」「文法学習」「読解学習」といった幅広い学習内容に対応し、子ども一人一人の目的に合わせた学習を可能にしました。

また、ポイントの押さえ方がわかる構成と、基本に忠実で着実に学力をつけられる問題で、苦手な子でも自分の力で取り組めるようにしています。

文章を「読む力」「書く力」は、どんな時代でも必要とされる力です。

本書が、子どもたちの学力育成と、「わかった！」「できた！」と笑顔になる一助になれば幸いです。

解答は、問題と答えが一目でわかる。

答えが赤だから、○つけがカンタン！

ほめる・はげます言葉

白黒コピーでページ番号が消えます。

ワンポイントアドバイスつき！

国語習熟、プリント三年生 もくじ

かたかな

月　日

① □ のことばを、次の①〜④に分けて、かたかなで書きましょう。

① 外国の国や土地の名前

（　　　　　　）　　　　　　　（　　　　　　）

② 外国の人の名前

（　　　　　　）　　　　　　　（　　　　　　）

③ 外国からきたことば

（　　　　　　）　　　　　　　（　　　　　　）

④ もの音や動物の鳴き声

（　　　　　　）　　　　　　　（　　　　　　）

```
えじそん
ぶらじる
ぴよぴよ
ちょこれえと
がたがた
ふらんす
ふぁあぶる
へりこぷたあ
```

② ひらがなのことばを、かたかなに直して書きましょう。

① じゅうす　　　を落とした。

とらっく　　　すぴいど　が

② すかあと　　　　と　そふとくりいむ　を買う。

③ 　　　　　　　に　あいろん　をかける。

③ 次の文から、かたかなで書くことばを四つさがして、かたかなで書きましょう。

日曜日は、雨がざあざあふっていたので、わたしは、妹とらんぷをしてあそびました。おやつに、ほっとけえきを作って食べました。少しこげましたが、おいしかったです。夕方、雨がやんだので、外に出て、ばどみんとんをしました。

〜〜〜〜　〜〜〜〜　〜〜〜〜　〜〜〜〜

かなづかい ①

① □の中に、「わ」か「は」を書きましょう。

① 「こんにち□。」と、あいさつをする。

② いもうとは、□に とりの せ□ をしている。

③ ぼく□、しゅくだいを□すれた。

④ このどう□、□こ□かった。

⑤ □に、□か□に すんでいる。

② □の中に、「お」か「を」を書きましょう。

① □には、そと。ふくは、うち。

② □とうとが、か□あらう。

③ わたしは、□ちば□ひろった。

> 「を」は、ことばとことばをつなぐときに使います。

③ □の中に、「え」か「へ」を書きましょう。

① 友だちと いっしょに □か□る。

② 駅（えき）□、おじさんをむか□に行く。

③ □んそくで、どうぶつ□ん□行った。

> 「へ」も、ことばとことばをつなぐときに使います。

かなづかい②

名前

月　日

よく見て書こう！

○ かなづかいの正しいほうに、○をつけましょう。

① （おおかみ／おうかみ）が、（赤ずきん／赤づきん）の女の子をねらっている。

② （はなぢ／はなじ）が、ぽたぽたと（じめん／ぢめん）に落ちた。

③ 公園に（ちかづく／ちかずく）と、（おおきな／おうきな）木が見えた。

④ （こおり／こうり）の上に、（おおくの／おうくの）ペンギンがいた。

⑤ （おねえさん／おねいさん）は、（とおい／とうい）町の大学に行く。

⑥ （きのう／きのお）つくえの上を（かたづけた／かたずけた）。

⑦ 母は、（いもうと／いもおと）の（ようふく／よおふく）をぬう。

⑧ （みかづき／みかずき）を見ながら、家に（かえる／かへる）。

⑨ 空気がぬけて、風船が（ちぢんだ／ちじんだ）。

⑩ 駅前（えきまえ）の（どおり／どうり）の（えいがかん／ええがかん）へ行く。

名前 ⬜⬜ 月 日

① 次の文で、使い方が正しいほうに○をつけましょう。

① へびが（ によろによろ ／ びょんびょん ）動く。

② 赤ちゃんが（ ぐんぐん ／ ぐっすり ）ねむっている。

③ たいこの音が力強く（ ドードーン ／ トントン ）とひびく。

④ 夜が明けて、すずめが（ バタバタ ／ チュンチュン ）鳴きだした。

② ⬜ のことばの中から、使い方のあうものをえらんで（ ）に書きましょう。

① | ごろん・ころころ・ゴロゴロ |
㋐ ビー玉が（ ）転がる。
㋑ 岩が（ ）と動いた。
㋒ かみなりが（ ）鳴る。

② | じっと・ぐっと |
㋐ むねに（ ）くる。
㋑ 写真をとる間、（ ）している。

③ | きらきら・ぎらぎら |
㋐ 太陽が（ ）てりつける。
㋑ 星が（ ）かがやく。

④ | はらはら・ぱらぱら |
㋐ 本を（ ）めくる。
㋑ 木の葉が（ ）落ちる。

⑤ | ぽろり・ぽつぽつ・ぽたぽた |
㋐ あせが（ ）流れ落ちる。
㋑ なみだが ひとつぶ（ ）とこぼれる。
㋒ 雨が（ ）ふりだした。

声に出すと分かりやすいよ

音やようすを表すことば ②

月　日

① （　）にあうことばを、 ┈ から一つえらんで書きましょう。

① カラスが（　　　）とび立つ。　② せんべいを（　　　）食べる。

③ 海に（　　　）ととびこむ。　④ 雨が（　　　）ふる。

⑤ 柱時計が（　　　）と鳴る。　⑥ ねこが（　　　）のどを鳴らす。

⑦ ドアが（　　　）としまる。　⑧ （　　　）うがいをする。

⑨ 風が（　　　）ふく。　⑩ 水たまりに（　　　）入る。

> ザーザー　ピューピュー　ガラガラ　バタン　ボーン
> バシャバシャ　バリバリ　バサバサ　ザブン　ゴロゴロ

② 次のようすにあうことばを、 ┈ からえらんで一つ書きましょう。

① 手ざわりがなめらかでないようす。

（　　　）

② 手ざわりがなめらかで、ねばりけがあってすべりやすいようす。

（　　　）

③ 手ざわりがなめらかで、ねばりけがなく、さっぱりしたようす。

（　　　）

> ぬるぬる
> めらめら
> ざらざら
> さらさら
> ひらひら

③ 次の文で、かたかなで書くのはどちらですか。（　）に〇をつけましょう。

① （　）たいこをどんどんたたく。
　　（　）マンションがどんどんふえる。

② （　）かみなりがごろごろ鳴る。
　　（　）休みの日は、家でごろごろしている。

8

いろいろな意味に使うことば ①

名前

月　　日

① 後の問いに答えましょう。

(1) 同じ意味で使われている文を、線でむすびましょう。

① つなを引く。　・　　・ へらす。少なくする。

② まっすぐな線を引く。　・　　・ 長くのばす。

③ 十から三を引く。　・　　・ 自分の方へひきよせる。

(2) 同じ意味で使われている文を、線でむすびましょう。

① ひもがとける。　・　　・ 気持ちがやわらぐ。

② 算数の問題がとける。　・　　・ むすんであるものがほどける。

③ いかりがとける。　・　　・ 答えが出る。

② （　）には、同じことばが入ります。答えを　□　に書きましょう。

① 　□

鉄は（　）。

病気が（　）。

せきにんが（　）。

気が（　）。

② 　□

気を（　）。

日記を（　）。

車に気を（　）。

パンにバターを（　）。

③ 　□

きつねが、わなに（　）。

宿題のことが、気に（　）。

お医者さんに（　）。

月に雲が（　）。

駅まで歩いて、三十分（　）。

④ 　□

役に（　）。

けむりが（　）。

うわさが（　）。

いすから（　）。

朝市が（　）。

ガンバレ、ガンバレ♪

いろいろな意味に使うことば ②

名前

月　日

① それぞれ □ の文と同じ意味で使われている文に、○をつけましょう。

① あの人は、野鳥のことに明るい。

（　）春の日ざしが明るい。

（　）カーテンを開けると明るい。

（　）父はこの町について明るい。

（　）妹は明るいせいかくだ。

② ねこの手もかりたいほど、いそがしい。

（　）ほしかった車を手に入れた。

（　）引っこしの手が足りない。

（　）勉強が手につかない。

（　）手のこんだりょう理を作る。

② 次のことばは、どんな意味に使われていますか。□ からえらんで、記号を書きましょう。

① 当たる

（　）ボールが当たる。

（　）そうじ当番に当たる。

（　）予想が当たる。

ア　思ったとおりになること。
イ　物がぶつかること。
ウ　役わりがまわってくること。

② かける

（　）もうふをかける。

（　）かべに時計をかける。

（　）いつも気にかける。

ア　ぶらさげること。
イ　心配すること。
ウ　上からかぶせること。

③ （　）には、同じことばが入ります。答えを □ に書きましょう。

① □

・紙を小さく（　）。

・野さいの水をよく（　）。

・電話を急に（　）。

② □

・この服はぴったり（　）。

・山田君と、意見が（　）。

・答えが、全部（　）。

反対の意味を表すことば

① 反対の意味のことばを、漢字と送りがなで書きましょう。

① ながい ── （みじかい）

② あつい ── （さむい）

③ うる ── （かう）

④ かるい ── （おもい）

⑤ あさい ── （ふかい）

⑥ あかるい ── （くらい）

⑦ いく ── （くる）

⑧ つよい ── （よわい）

⑨ ふとい ── （ほそい）

⑩ あたらしい ── （ふるい）

② 反対の意味のことばを、漢字で書きましょう。（①～⑤は送りがなも書きましょう。）

① とおい ── （ちかい）

② おおい ── （すくない）

③ やすい ── （たかい）

④ かつ ── （まける）

⑤ あける ── （しめる）

⑥ 階上（かいじょう） ── （かいか）

⑦ 転出（てんしゅつ） ── （てんにゅう）

⑧ たて ── （よこ）

⑨ てき ── （みかた）

⑩ 北半球（きたはんきゅう） ── （みなみはんきゅう）

同じ音になることば ①

● 次の──のことばにあう漢字を（　）に書きましょう。

① 父は七時にかえる。（　）る
　ひっくりかえる。（　）る

② ひがもえる。（　）
　ひがさす。（　）

③ 友だちとはなす。（　）す
　池に金魚をはなす。（　）す

④ かわが流れる。（　）
　豆のかわをむく。（　）

⑤ はさみで紙をきる。（　）る
　新しい服をきる。（　）る

⑥ はな水が出る。（　）
　うめのはながさく。（　）

⑦ 毎朝はをみがく。（　）
　朝顔のはがふえる。（　）

⑧ 川を船でのぼる。（　）
　山をのぼる。（　）

⑨ まどをあける。（　）
　夜があける。（　）

⑩ ねるのがはやい。（　）
　足がはやい。（　）

⑪ 公園で友だちにあう。（　）（　）
　この服は、体にぴったりあう。（　）（　）

⑫ 川かみに向かう。（　）
　かみさまにお願いする。（　）
　かみを小さくおる。（　）

名前　　　　月　日

① 次の──のことばにあう漢字を書きましょう。

① かじを消(け)す ／ かじを手つだう

② じんこうがへる ／ じんこうえい星

③ きょうか書 ／ きょうか合宿(がっしゅく)

④ 新聞きしゃ ／ きしゃの旅(たび)

⑤ 台風のはっせい ／ はっせい練習(れんしゅう)

⑥ 歯科(しか)いいん ／ 学級いいん

⑦ しょうかにあたる ／ 食(た)べ物(もの)のしょうか

⑧ 音楽会のかいじょう ／ かいじょうのヨット

② □にあう漢字を書きましょう。

① □(あん)記(き)　□(あん)全(ぜん)

② 幸(こう)□(ふく)　和(わ)□(ふく)

③ 勉(べん)□(きょう)　□(きょう)室(しつ)

④ □(かん)字(じ)　□(かん)想(そう)

⑤ □(よう)子(す)　太(たい)□(よう)

⑥ 研(けん)□(きゅう)　□(きゅう)病(びょう)

⑦ 文(ぶん)□(しょう)　□(しょう)負(ぶ)

⑧ □(しゅう)合(ごう)　□(しゅう)字(じ)　一(いっ)□(しゅう)間(かん)

⑨ □(がん)石(せき)　海(かい)□(がん)面(めん)

ことばのなかま分け ①

① 次のことばを、ア～ウの形に分けます。　　　 からえらんで、記号を書きましょう。

> ア　物の名前やことがらを表すことば　　イ　動きを表すことば
> ウ　ようすや気持ちを表すことば

① あやとり 　□

② 悲しい 　□

③ 歩く 　□

④ 読む 　□

⑤ 集まる 　□

⑥ 乗り物 　□

⑦ 星 　□

⑧ 寒い 　□

⑨ しずかだ 　□

② 次の文から、動きを表すことばをえらんで（　）に書きましょう。

① 大きな声で校歌を歌う。　　　　（　）

② 弟は、毎日、早くねる。　　　　（　）

③ 池にすむやごは、とんぼのよう虫だ。　（　）

④ カーテンを開けると、まぶしい。　（　）

③ 次の文から、ようすや気持ちを表すことばをえらんで（　）に書きましょう。

先生が大きい声で、おもしろい昔話をゆっくり読んだので、教室はにぎやかになった。

（　）（　）（　）（　）

14

ことばのなかま分け ②

名前

月　日

① 次のことばから、ちがうなかまのことばを一つえらんで、○でかこみましょう。

① （かまきり　ふくろう　麦　遊ぶ　トラック　コスモス）

② （見る　作る　長い　泳ぐ　読む　食べる）

③ （悪い　よろこび　高い　楽しい　短い　明るい）

④ （北海道　海　りんご　かばん　えいが　少し）

⑤ （船　買う　走る　植える　行く　とぶ）

⑥ （はっきり　じっくり　たっぷり　しっかり　まぶしい　ゆっくり）

② 「が」「は」「を」に気をつけて、文にあうことばを書きましょう。

① 開く／開ける
（ア　お父さんが、雨戸を（　　）。
（イ　雨戸が（　　）。

② 上がる／上げる
（ア　子どもたちが、たこを（　　）。
（イ　たこが（　　）。

③ 育つ／育てる
（ア　わたしは、ひまわりの花を（　　）。
（イ　ひまわりの花が（　　）。

④ 起きる／起こす
（ア　お母さんが、朝早くぼくを（　　）。
（イ　ぼくは、朝早く（　　）。

組み合わせたことば①

① 次のことばを、れいのように一つのことばにして書きましょう。

〈れい〉走る＋ぬく→（走りぬく）

① 見る＋わすれる→

② つむ＋重ねる→

③ 歩く＋始める→

④ 読む＋まちがう→

⑤ 言う＋直す→

⑥ 書く＋終わる→

〈れい〉口＋ふえ→（口ぶえ）

⑦ 麦＋はたけ→

⑧ かた＋くるま→

⑨ あめ＋かさ→

〈れい〉ちかい＋道→（ちか道）

⑩ さむい＋空→

⑪ ほそい＋道→

⑫ ながい＋くつ→

② 次のことばを、れいのように二つのことばに分けましょう。

〈れい〉作り話→（作る＋話）

① やきめし→　　＋

② わらい顔→　　＋

③ 消しゴム→　　＋

〈れい〉雨ふり→（雨＋ふる）

④ いねかり→　　＋

⑤ 山登り→　　＋

⑥ 雪どけ→　　＋

③ 次のことばを、れいのように二つのことばに分けましょう。

〈れい〉おる＋紙→おり紙

① ［　］＋［　］→流れ星

② ［　］＋［　］→くだりざか

③ ［　］＋［　］→まわり道

16

名前　　　　月　日

① 次の——のことばを、れいのように組み合わせたことばにして書きましょう。

〈れい〉坂道をかけておりる。 → （かけおりる）

① めざまし時計の音で、とんで起きる。 →
② 紙をおってたたむ。 →
③ 赤ちゃんが、ないてさけぶ。 →
④ 小犬が、庭を走って回る。 →
⑤ 大切なことを聞くのをわすれる。 →
⑥ さくらなみ木を通ってぬける。 →

② 次の——のことばを、れいのように二つのことばに分けましょう。

〈れい〉赤ちゃんをだきかかえる。 → （だく ＋ かかえる）

① よごれをあらい落とす。 → ＿＿ ＋ ＿＿
② 作文を書きあげる。 → ＿＿ ＋ ＿＿
③ 階だんをかけのぼる。 → ＿＿ ＋ ＿＿
④ 地面をふみしめる。 → ＿＿ ＋ ＿＿

③ □にあうことばを書きましょう。

① 心 ＋ つよい → □
② □ ＋ はだざむい
③ □ ＋ □ → 息ぐるしい

主語・述語 ①

① 次の文は、 [____] のどの文の形と同じですか。えらんで記号を書きましょう。

① 犬が　ほえる。 …………

② 雪が　ふる。 …………

③ ありは　小さい。 …………

④ 姉は　やさしい。 …………

⑤ 赤ちゃんが　なく。 …………

⑥ 母は　会社員だ。 …………

⑦ 公園に　はとが　いる。 …………

⑧ 弟は　かわいい。 …………

⑨ ぼくは　九才だ。 …………

⑩ 理科室に　ひょう本が　ある。 …………

```
ア 何（だれ）が（は）　どうする。
イ 何（だれ）が（は）　どんなだ。
ウ 何（だれ）が（は）　何だ。
エ 何（だれ）が（は）　ある（いる）。
```

② 次の文から、主語にあたることばを書きましょう。

① 朝から　頭が　いたい。 ‥‥‥‥

② バラの　花は　きれいだ。 ‥‥‥‥

③ テーブルの　上に　花びんが　ある。 ‥‥‥‥

④ ねこが　ニャーニャー　鳴く。 ‥‥‥‥

⑤ 海は　広い。 ‥‥‥‥

主語は、文の中で「だれが」「だれは」「何が」「何は」にあたることばだよ。

③ 次の文から、述語にあたることばを書きましょう。

① ぼくは　毎朝　七時に　起きる。 ‥‥‥‥

② ふじ山は　日本一　高い　山だ。 ‥‥‥‥

③ 父は　バスの　運転手だ。 ‥‥‥‥

④ 社会の　テストは　むずかしい。 ‥‥‥‥

⑤ 草むらに　こおろぎが　いる。 ‥‥‥‥

述語は、文の中で「どうする」「どんなだ」「何だ」「いる」にあたることばだよ。

18

名前

月 日

① 次の文で主語がある文には○を、ない文には△をつけましょう。

① （ ） 道でばったり先生に会った。

② （ ） 庭に、赤いばらがたくさんさいている。

③ （ ） とつぜん空がくもってきた。

④ （ ） きゅう食をのこさずに食べよう。

⑤ （ ） 父のしゅみは、日曜大工だ。

⑥ （ ） 早く起きないと、ちこくする。

⑦ （ ） コアラは、オーストラリアにすむ動物だ。

⑧ （ ） とても長いね、きりんの首は。

② 次の文の主語を上の □ に、述語を下の □ に書きましょう。

〈れい〉 ぼくの家族は、みんなで五人だ。

主語 | 家族は

述語 | 五人だ

① 兄は、サッカーチームのキャプテンだ。

② 白い馬が、草原をかける。

③ 母は、毎朝、みそしるを作る。

④ 山本さんが、かぜで学校を休んだ。

⑤ 図書館には、本がたくさんある。

⑥ 先生の声は、とても大きい。

主 語

述 語

名前

月　日

① 次の──のことばが表していることを［ ］からえらんで記号を書きましょう。

① わたしは、きのう、友だちと公園で遊んだ。
（　）（　）（　）

② 弟は、池で 大きな 魚をつった。
（　）（　）

③ かわいい赤ちゃんが、すやすやねむっている。
（　）

④ 白い雲が、ゆっくりと流れていく。
（　）（　）

⑤ お母さんは、夕方、スーパーマーケットで買い物をする。
（　）（　）

ア　いつ
イ　どこで
ウ　だれと
エ　何を
オ　どんな
カ　どのように

② 次の□のことばをくわしくしていることば（修飾語）に線を引きましょう。

① たくさんの はと がとび立った。
② きれいな 服 を着る。
③ 川に、長い 橋 がかかっている。
④ 重い 荷物 を運ぶ。
⑤ 苦い 薬 を飲む。
⑥ 夕やけの 空 が美しい。

③ 次の──のことばをくわしくしていることば（修飾語）を書きましょう。

① 小さなめだかが、すいすい 泳ぐ 。
② 黒い大きな犬が、とつぜん ほえた 。
③ 真夏の太陽が、ぎらぎらと てりつける 。
④ おく歯が、しくしく いたむ 。
⑤ どこまでも青い空が つづく 。
⑥ 急に、雨が ふりだした 。

修飾語は、あることばをくわしくすることばのことだよ。

① （　）にあうことばを、┊┈┊からえらんで書きましょう。

① ぼくは、（ 何に ）（ 何を ）やった。

② ばらの花が、（ どこに ）（ どのように ）さいている。

③ （ どんな（何の） ）ぬいぐるみが、（ どこに ）おいてある。

④ 正子さんは、（ いつ ）（ だれと ）（ どこへ ）行った。

⑤ おじいちゃんは、（ いつ ）（ どこで ）（ 何を ）する。

┊┈┈┈┈┈┈┈┈┈┈┈┈┈┈┈┈┈┈┈┈┊
┊ 毎朝　花だんに　広場で　ハムスターに　くまの　お父さんと　きのう ┊
┊ いすの上に　水族館へ　ゲートボールを　赤い　たくさん　えさを ┊
┊┈┈┈┈┈┈┈┈┈┈┈┈┈┈┈┈┈┈┈┈┊

② 次の □ のことばをくわしくしていることばを記号で書きましょう。

〈れい〉 ┌ア┐かえるが、┌イ┐ぴょんと はねる。（イ）

① さくらの花びらが、 ひらひらと ┌ちる┐。
　　ア　　　　　イ　　　　ウ
（　）と（　）

② きのうから、ずっと頭が ┌いたい┐。
　　ア　　　イ
（　）と（　）

③ 弟が、とつぜん大声で ┌なきだした┐。
　　ア　　イ　　ウ
（　）と（　）

④ 丸い ┌月┐が、ぽっかり出る。
　ア　　　　　イ　　ウ
（　）

⑤ 葉っぱの ┌しずく┐が、きらきら光る。
　ア　は　　　　　　イ　　ウ
（　）

⑥ 黄色い 小さな ┌花┐が、ひとつさいた。
　ア　　イ　　　　　　ウ　　エ
（　）と（　）

⑦ 白い たんぽぽの ┌わた毛┐が、たくさんとぶ。
　ア　　イ　　　　　　　ウ　　エ
（　）と（　）

文と文をつなぐことば ①

① □ にあうことばを からえらんで 書きましょう。

① ぼくは、かぜをひいてしまった。□ 、学校を休んだ。

② 駅まで、バスで行きますか。□ 、自転車で行きますか。

③ わたしは、バスに乗りおくれた。□ 、駅まで歩いて行った。

④ ぼくは、本を買いに行った。□ 、店はしまっていた。

⑤ ぼくは、ケーキを食べた。□ 、アイスクリームも食べた。

⑥ 夏休みは、海に行きますか。□ 、山に行きますか。

⑦ 頭がいたい。□ 、ねつもある。

⑧ ぼくは、テストのために勉強をした。□ 、点数はよくなかった。

> ┌─────────────┐
> │ それとも　だから　それに　しかし │
> └─────────────┘

> □に入ることばは、文と文をつなぐことばというよ。

② 次の「つなぎことば」の使い方を からえらんで、記号で書きましょう。

① 風が強くなった。それに、雨もふりはじめた。（　）

② 寒くなってきた。それで、ストーブを出した。（　）

③ 野球をしようか。それとも、サッカーをしようか。（　）

④ わたしは、毎日リコーダーの練習をしている。けれども、なかなかうまくならない。（　）

┌─────────────────┐
│ ア 前のことがらと、後のことがらの、どちらかをえらぶときに使う。
│ イ 前のことがらがもとになって、後のことがらになるときに使う。
│ ウ 前のことがらとちがうことや、反対のことがらが後にくるときに使う。
│ エ 前のことがらに後のことがらをつけくわえたり、ならべたりするときに使う。
└─────────────────┘

22

文と文をつなぐことば ②

月　日

① 次のつなぎことばで正しい使い方をえらんで、〇をつけましょう。

① コーヒーを飲みますか。
（　）それとも
（　）それでも
、こう茶を飲みますか。

② わたしは、息苦しくなってきた。
（　）すると
（　）それでも
、休まずに走った。

③ 日曜日は雨だった。
（　）それで
（　）けれども
、ハイキングは中止になった。

④ 兄は毎日よく食べる。
（　）そして
（　）しかし
、やせている。

⑤ ぼくは、図書館に行った。
（　）そして
（　）それに
、本を三さつかりた。

② 次の □ に入ることばを からえらんで、（　）に記号を書きましょう。

① 空はくもっていた。 □ 、流れ星を見ることはできなかった。（　）

② けさは、今にも雨がふりそうだった。 □ 、わたしは、かさを持っていった。（　）

③ 雨が急にふってきた。 □ 、すぐにやんでしまった。（　）

④ ぼくは、いっしょうけんめい走った。 □ 、前の人を追いぬくことはできなかった。（　）

⑤ あしたは遠足なので、いつもより早くふとんに入った。 □ 、なかなかねつけない。（　）

⑥ 朝から雨がふっていた。 □ 、バーベキューは中止になった。（　）

ア だからのなかま
　　それで
イ しかしのなかま
　　ところが
　　けれども

文と文をつなぐことば ③

① 次の □ にあうことばを □ からえらんで、書きましょう。

① 家に帰って、宿題をすませた。 □ 、友だちと外で遊んだ。

② 姉は、ピアノを習っている。 □ 、ダンスも習っている。

③ あの店のメロンパンは、おいしくて有名だ。 □ 、すぐに売り切れる。

④ ぼくは、息つぎの練習を何回もした。 □ 、二十五メートルは泳げなかった。

⑤ 和食がすきですか。 □ 、洋食がすきですか。

それとも　だから　そのうえ　けれども　それから

---

② 次の二つの文を一つの文にします。 □ に入ることばを □ からえらんで、書きましょう。

① 雨がふった。

それで 、遠足は、えん期になった。

雨がふった

□ 、遠足は、えん期になった。

② 公園へ行った。

しかし 、だれも来ていなかった。

公園へ行った

□ 、だれも来ていなかった。

③ ドアの前に立った。

すると 、ドアが自動的に開いた。

ドアの前に立つ

□ 、ドアが自動的に開いた。

④ 日が照っている。

だけど 、雨がふってきた。

日が照っている

□ 、雨がふってきた。

が　と　ので　のに

こそあどことば ①

名前

① 次のことばは、どんなときに使われますか。あうものを線でむすびましょう。

① これ　それ　あれ　どれ
　　この　その　あの　どの
・　・ア 場所をさししめすときに使う。

② ここ　そこ　あそこ　どこ
・　・イ 方向をさししめすときに使う。

③ こちら　そちら　あちら　どちら
　（こっち）（そっち）（あっち）（どっち）
・　・ウ 物をさししめすときに使う。

④ こんな　そんな　あんな　どんな
　　こう　そう　ああ　どう
・　・エ 様子をさししめすときに使う。

② （　）にあうことばを ____ からえらんで、書きましょう。

① むこうに白いたて物が見えるだろう。（　　）が病院だ。

② 二月三日は、せつ分だ。（　　）日には、豆まきをする。

③ わたしのつくえの横に消しゴムが落ちている。（　　）は、だれのものだろう。

④ おかずがいろいろある。（　　）から先に食べようか。

⑤ この問題は、（　　）ようにしてとくのだろう。

⑥ わたしは、近くの公園に行った。（　　）には、きれいな花がさいていた。

⑦ テレビでせんでんしていた（　　）えい画が見たい。

これ　あれ　どれ　あの　その　どの　そこ

こそあどことば ②

①

次のことばは、どのように使いますか。あうものを線でむすびましょう。

① これ・ここ　・

・話し手・聞き手（相手）のどちらからも遠い場合

② それ・そこ　・

・話し手に近い場合

③ あれ・あそこ　・

・さししめすものがはっきり決まらない場合

④ どれ・どこ　・

・聞き手（相手）に近い場合

②

次の──のことばがさすことばを（　）に書きましょう。

① 鳥が鳴いている。あれは、うぐいすだ。

（　　　）

② 家族でキャンプ場に行った。そこは、湖のそばだった。

（　　　）

③ れんげの花で、かんむりを作った。これを妹にあげよう。

（　　　）

④ むこうにおかが見えるね。あそこまで、走ろう。

（　　　）

⑤ あなたのそばに、ほうきがあるでしょう。それをわたしに、わたしてください。

（　　　）

⑥ 父は、仕事で中国に行った。父は、そこから、絵はがきを送ってくれた。

（　　　）

ふつうの言い方・ていねいな言い方 ①

名前

月　日

① ていねいな言い方の文には〇を、ふつうの言い方の文には△をつけましょう。

① （　）いっしょに、やってみよう。

② （　）はじめて、さか上がりができました。

③ （　）ろうかを走ってはいけない。

④ （　）夕方、かみなりが鳴り出した。

⑤ （　）くじらは、ほにゅう類の動物だ。

⑥ （　）ぼくは、カレーライスがすきです。

② 次の──のところを、ていねいな言い方に直しましょう。

④ この本は、おもしろいと思う。

③ わたしは、まだ泳げない。

② 姉は、五年生だ。

① ぼくは、きのう公園に行った。

③ 次の──のところを、ふつうの言い方に書き直しましょう。

③ わたしは、とび箱がとべたので、うれしくてたまりませんでした。

② けさ、パンとサラダを食べました。

① 雨あがりの空に、にじが出ています。

「テーブルにりんごがある。」を、ていねいな言い方をすると「テーブルにりんごがあります。」となります。

ふつうの言い方・ていねいな言い方 ②

名前

月　日

① 次の──のところを、ふつうの言い方に書き直しましょう。

二年生のげきが終わると、いよいよ三年生の
ダンスが①始まります。②待っていると、心ぞうが
どきどきしてきます。
ぼくは、ときどきまちがうところがあるので、
③じしんがありません。でも、いっしょうけんめい
おどろうと④けっしんしました。音楽が⑤鳴りだしました。

①（　）
②（　）
③（　）
④（　）
⑤（　）

② 次の──のところを、ていねいな言い方に書き直しましょう。

① 本の題名が思い出せない。
② ふた葉の間に、本葉が見える。
③ プールの中に、とびこんだ。
④ とても楽しい一日だった。

（　）（　）（　）（　）

③ 次のような場合の、ふさわしい言い方を　　からえらんで、記号を書きましょう。

① 相手が年上のとき
② 相手が同じ年れいや年下のとき
③ 相手が親しいとき
④ 相手があまり親しくないとき

（　）（　）（　）（　）

ア　ふつうの言い方　　イ　ていねいな言い方

ようすをおしはかる言い方

① 次の文が表す言い方を ┈ からえらんで、記号を書きましょう。

① （　）このみかんは、おいしそうだ。

② （　）このみかんは、おいしい。

③ （　）あしたは、算数のテストがあるようだ。

④ （　）もう少し歩くと、テレビ局がある。

⑤ （　）あの人が、川上君のお兄さんらしい。

⑥ （　）父は、もうすぐ帰って来るだろう。

⑦ （　）寒くて、かぜをひきそうだ。

⑧ （　）雪がふりつづいて、こまっている。

ア　はっきりわかっていることを表す言い方

イ　ようすをおしはかる言い方

ようすをおしはかる言い方は、心の中でこうかな？と考える言い方だよ。

② 次の文を、〈　〉のことばを使って、ようすをおしはかる言い方に直しましょう。

① 春には、花がさく。〈───だろう〉

（　　　　　　　　　　　　　　）

② むこうの林に、かぶと虫がいる。〈───そうだ〉

（　　　　　　　　　　　　　　）

③ このおもちゃは、こわれている。〈───ようだ〉

（　　　　　　　　　　　　　　）

④ 午後から、雨になる。〈───らしい〉

（　　　　　　　　　　　　　　）

⑤ こんどこそ、うまくいく。〈───そうだ〉

（　　　　　　　　　　　　　　）

聞いたことをつたえる言い方

① 次の文が表す言い方を　からえらんで、記号を書きましょう。

① （　） 田中君は、サッカーチームに入りそうだ。

② （　） 田中君は、サッカーチームに入るそうだ。

③ （　） あのえい画は、とてもおもしろいそうだ。

④ （　） あのえい画は、とてもおもしろそうだ。

⑤ （　） すず木さんの家に、赤ちゃんが生まれたそうだ。

⑥ （　） 今日は、気温が三十度をこえるそうだ。

⑦ （　） 雨がふりそうだ。

⑧ （　） 父は、子どものころ、わんぱくだったそうだ。

ア　ようすをおしはかる言い方

イ　聞いたことをつたえる言い方

② 次の文の終わりを「──そうだ」にして、聞いたことをつたえる言い方に直しましょう。

① 十年前、このあたりは田畑だった。

（　　　　　　　）

② むこうの林に、かぶと虫がいる。

（　　　　　　　）

③ ぼくは、一才のとき、入院した。

（　　　　　　　）

④ あのお店のりょう理は、おいしい。

（　　　　　　　）

⑤ もうすぐ、あそこにマンションができる。

（　　　　　　　）

たとえていう言い方

① 次の文で、たとえる言い方をしているほうに○をつけましょう。

① （　）外国でくらしてみたいな。
　 （　）ここは、外国の町みたいだ。

② （　）赤ちゃんのほおは、りんごのようだ。
　 （　）昼からは、雨になるようだ。

③ （　）この犬は、ぬいぐるみみたいだ。
　 （　）中川君は、るすみたいだ。

④ （　）きみの手は、氷のようにつめたい。
　 （　）わすれ物をしないようにしよう。

② 次の（　）にあうことばを、 [　] からえらんで書きましょう。

① マラソンをしたあと、（　　　）あせが流れ落ちた。

② つくえの上には、（　　　）本がつまれている。

③ きょうは、（　　　）あたたかい一日だった。

④ 指先に（　　　）いたみがはしった。

⑤ （　　　）美しいけしきが広がる。

⑥ 葉の上にのった水のしずくが（　　　）光る。

⑦ ひがん花がたくさんさいて、赤い（　　　）見える。

[　絵のように　　春のように　　玉のように
　山のように　　たきのように　　じゅうたんのように
　はりをさしたような　]

いろいろな言い方

月　日

① 次の――のことばを、れいのように「終わったことを表す言い方」に書き直しましょう。

〈れい〉天気が 急にかわる。（かわった）

① 友だちと学校のプールで泳ぐ。

② 学校のまわりのけしきを絵にかく。

③ ぼくは、二階に荷物を運ぶ。

④ わたしは、駅のかいさつ口で父を待つ。

⑤ 学級会で、運動会について話し合う。

② 次の文が表す言い方を、[   ]からえらんで、記号を書きましょう。

ア　わかっていることを表す文
イ　終わったことを表す文
ウ　さそいかける文
エ　たずねる文
オ　命れいする文
カ　打ち消しの文

① みんなで歌いましょう。

② これは、ホウセンカのたねです。

③ まだ花がさかない。

④ いっしょに行こう。

⑤ この花は、なんという花ですか。

⑥ 宿題をしなさい。

⑦ 何日も雨がふりつづいた。

⑧ ぼくは、もう走れません。

⑨ 早く起きろ。

⑩ わたしは、スキーに行きました。

⑪ 駅まで歩いて十分だ。

⑫ この池にザリガニはいますか。

ならべていう言い方

①　次の文で正しい言い方になるほうを○でかこみましょう。

① わたしも妹 { も / と } アイスクリームがすきだ。

② 花だんには、赤 { や / も } 黄色のチューリップがさいている。

③ にんじん { と / も } じゃがいもを切った。

④ 教室のゆかを、はいたり { ふいた / ふいたり } した。

②　（　）にあうことばを、⎡⎤からえらんで書きましょう。

① わたしは、音楽も体育（　　）すきだ。

② このドアは、おしても引い（　　）開かない。

③ ろうか（　　）階だんを走らないようにしよう。

④ 海で、魚をつっ（　　）泳いだりした。

⑤ 行くのか行かない（　　）はっきり決めなさい。

⎡ や　も
　 の　か
　 たり
　 ても ⎤

③　次の ── のところをかえて、正しい文になるよう書き直しましょう。

① 雨の日は、本を読んだり、絵をかく。
（　　　　　　　　　　）

② 日曜日は、おつかいや手つだったりした。
（　　　　　　　　　　）

慣用句

① 次のことばの意味にあうものを [____] からえらんで、記号（きごう）を書きましょう。

① はらが立つ　（　）

② きもをつぶす　（　）

③ 目を丸くする　（　）

④ 鼻（はな）が高い　（　）

⑤ むねをうつ　（　）

⑥ 耳がいたい　（　）

⑦ かたを落（お）とす　（　）　（　）

⑧ 手をかす　（　）　（　）

```
ア　手つだう。
イ　強く心にひびく。感動（かんどう）する。
ウ　自分の弱点を言われて、聞くのがつらい。
エ　おどろいたようす。
オ　とくいになるようす。
カ　がまんできなくておこる。
キ　がっかりして元気がないようす。
ク　ひじょうにびっくりする。
```

② （　）にあう慣用句（かんようく）を、[____] からえらんで書きましょう。

① その話は、（　　　）ほど聞いたよ。

② 遠足で（　　　）ほど歩いた。

③ はずかしくて（　　　）ような思いをした。

④ ぼくと古田（ふるた）君（くん）の家は、（　　　）だ。

⑤ この問題（もんだい）はむずかしすぎて（　　　）。

⑥ 毎日練習（れんしゅう）すると、習字（しゅうじ）の（　　　）。

```
顔から火が出る
耳にたこができる
目と鼻の先
手も足も出ない
うでが上がる
足がぼうになる
```

丸・点・かぎの使い方

月　日

① 次の文を、会話には「　」を、文の終わりには丸（。）をつけて書きましょう。

ぼくが、元気よく、おはようと言うと、母が返事をしたいい天気でよかったね

	「		「	
				ぼ

② 次の文に、（　）の中の数だけ 点（、）を打って、文を読みやすくしましょう。

① にわにはにわにわとりがいる。（２）

② がかがこのえをかいた。（１）

③ すもももももももものなかま。（２）

④ ほらそこにも花がある。（１）

⑤ あっちこっちさがしてやっとその家を見つけた。（１）

⑥ 友だちの家に行って何度も名前をよんだが返事がなかった。（２）

③ 次の文に、点（、）を一つ打って、アイの意味を表せるように書きましょう。

① とてもかわいいねこの子。

　ア かわいいのは、この子。

　イ かわいいのは、ねこの子。

（　　　　　　）（　　　　　　）

② わたしは自転車で先に行った姉さんを追いかけた。

　ア 自転車で行ったのは、姉さん。

　イ 自転車で追いかけたのは、わたし。

（　　　　　　）（　　　　　　）

35

名前

月　日

① 次の漢字に送りがなをつけましょう。

① あたる　→　当
② しるす　→　記
③ うつくしい　→　美
④ ととのえる　→　整
⑤ おちる　→　落
⑥ まじわる　→　交
⑦ かんがえる　→　考
⑧ みじかい　→　短
⑨ きめる　→　決
⑩ みのる　→　実
⑪ こたえる　→　答
⑫ もちいる　→　用

② 送りがなの正しいほうに、〇をつけましょう。

①
（　）食べる
（　）食る

②
（　）入る
（　）入いる

③
（　）幸せ
（　）幸わせ

④
（　）回る
（　）回わる

⑤
（　）化る
（　）化ける

⑥
（　）写す
（　）写つす

⑦
（　）表す
（　）表らわす

⑧
（　）始る
（　）始まる

⑨
（　）負る
（　）負ける

③ 次の文で、送りがなのまちがっているところを見つけて、正しく書き直しましょう。

① 道具の正しい使い方を教しえる。　↓〜〜〜〜
② ボールを追いかけて転ろぶ。　↓〜〜〜〜
③ 水の流れる音が聞える。　↓〜〜〜〜
④ 朝早く起る。　↓〜〜〜〜

送りがな②

名前

月 日

①

――の部分を、漢字と送りがなで書きましょう。（同じ漢字を使います。）

① 月がでる。

② すこし休もう。
　人がすくない。

③ 駅につく。

④ 電車がとおる。
　学校にかよう。

⑤ 店をひらく。

⑥ 肉をくう。
　野さいをたべる。

⑦ 体温がさがる。
　坂道をくだる。
　手をおろす。

⑧ 空があかるい。
　夜があける。
　あかりがともる。

②

次の漢字の送りがなを書きましょう。

① くるしい……苦
　にがい………苦

② のぼる………上
　あがる………上

③ こまかい……細
　ほそい………細

④ おもい………重
　かさねる……重

⑤ きえる………消
　けす…………消

⑥ さいわい……幸
　しあわせ……幸

⑦ まける………負
　おう…………負

⑧ いきる………生
　うまれる……生
　はえる………生

名前

月　日

① 「遊ぶ」ということばを、それぞれの文に合う形にかえて書きましょう。（形のかわらないものもあります。）

① ちゅう車場では、（　　　　）ないでください。

② 日曜日は、公園の遊具で（　　　　）たい。

③ 暑い日に、外で（　　　　）ときは、ぼうしをかぶろう。

④ みんなで（　　　　）ば、きっと楽しいよ。

⑤ キックベースをして（　　　　）う。

⑥ 友だちの弟や妹といっしょに（　　　　）だことがある。

⑦ 晴れた日は、外に出て（　　　　）。［めいれいの言い方］

うごきをあらわすことばは、いろいろな形にかわるよ。
「話す」なら、
「話さない」「話します」「話せば」「話そう」
というようにかわるよ。

② 「読む」ということばを、それぞれの文に合う形にかえて書きましょう。（形のかわらないものもあります。）

① 弟は、まん画は見るが、本は（　　　　）ない。

② わたしは、夏休みに、本をたくさん（　　　　）ます。

③ 図書館で本を（　　　　）ときは、しずかにしよう。

④ さい後のページを（　　　　）ば、なぞはすべてとける。

⑤ 休み時間に、物語のつづきを（　　　　）う。

⑥ この本は、もう（　　　　）だ。

⑦ ゲームばかりしないで、たまには本を（　　　　）。［めいれいの言い方］

送りがな④

名前　　　　　月　日

① にあう送りがなを書きましょう。

① 書く

書け　書[い]た　書[　]う　書[　]ば　書[　]とき　書[き]ます　書[か]ない

② 飲む

飲め　飲[　]だ　飲[　]う　飲[　]ば　飲[　]とき　飲[み]ます　飲[　]ない

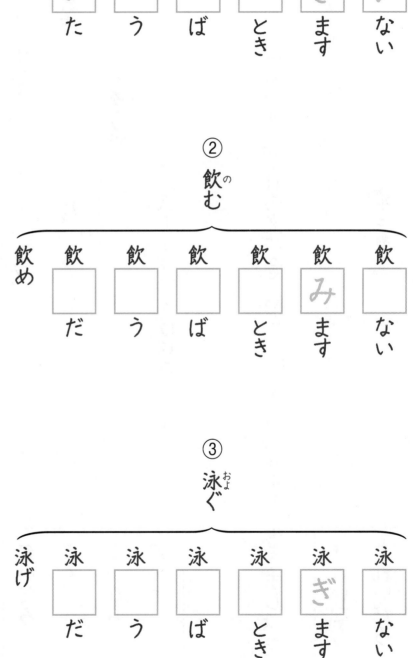

③ 泳ぐ

泳げ　泳[　]だ　泳[　]う　泳[　]ば　泳[　]とき　泳[ぎ]ます　泳[　]ない

② 次の文にあうように、送りがなをかえて書きましょう。

① 休む　少し（　　）ば、つかれがとれるよ。

② 引く　力いっぱいつなを（　　）う。

③ 走る　毎朝、父と私は、池のまわりを（　　）ます。

④ 立つ　すもうでは、すず木君に歯が（　　）ない。

⑤ 運ぶ　オルガンは重いから、二人で（　　）う。

⑥ 持つ　荷物は、ぼくが（　　）ます。

⑦ 帰る　暗くなってきたから、弟と（　　）ないとね。

⑧ 聞く　木村君から、楽しい話を（　　）た。

文をよく読んでね

形のかわることば

月　日

① 次のことばを、それぞれの文に合う形にかえて書きましょう。

〈れい〉青い…海は、（青く）て大きかった。

① 暑い……去年の夏は、とても（　　　　）た。

② 有名だ……（　　　　）お寺に行って、写真をとった。

③ ていねいだ…絵の具を（　　　　）ぬっていこう。

④ おいしい……このケーキは、（　　　　）て、ほっぺたが落ちそうだ。

⑤ ほがらかだ…お母さんは、（　　　　）楽しい。

⑥ しずかだ…会場は、水を打ったように（　　　　）た。

② 「寒い」ということばを、それぞれの文に合う形に　[　]　からえらんで、書きましょう。

① この大雪では、外はさぞ（　　　　）う。

② きのうも、一日中（　　　　）た。

③ （　　　　）て、こごえそうだ。

④ そんなに（　　　　）ば、ストーブのそばにおいでよ。

```
寒いだろ
寒く
寒いなら
寒かっ
```

③ 「きれいだ」ということばを、それぞれの文に合う形に　[　]　からえらんで、書きましょう。

① 山の上の空気は、きっと（　　　　）う。

② この公園は、（　　　　）落ち着く。

③ ごちそうを（　　　　）平らげる。

④ （　　　　）花びらを見つけた。

⑤ もう少し字が（　　　　）ば、読みやすいのに。

```
きれいなら
きれいだろ
きれいだ
きれいな
きれいに
きれいで
```

40

漢字の組み立て①

名前　　月　日

① 次の部分をもつ漢字は、どんなことと関係がありますか。□からえらんで（　）に記号を書きましょう。

① イ　体・使・係　（　）（　）
② 土　地・坂・場　（　）（　）
③ ⺮　算・答・箱　（　）（　）
④ 言　話・読・談　（　）（　）
⑤ 心　意・思・感　（　）（　）

ア「竹」に関係がある漢字
イ「心」に関係がある漢字
ウ「土」に関係がある漢字
エ「人」に関係がある漢字
オ「ことば」に関係がある漢字

② 次の部分をもつ漢字を□に書きましょう。また、部首の名前を┈からえらんで（　）に書きましょう。

① 木　植物(しょくぶつ)の根(ね)　黒板(こくばん)の横(よこ)　（　）
② シ　深(ふか)い　湖(みずうみ)　港(みなと)　町(まち)　長(なが)お　（　）
③ サ　お　地(ち)　場(ば)　薬草(やくそう)　お茶(ちゃ)　（　）
④ 辶　運動(うんどう)　遊歩道(ゆうほどう)る　（　）
⑤ 口　庭園(ていえん)　国語(こくご)　回転(かいてん)　（　）

しんにょう　さんずい　くにがまえ　きへん　くさかんむり

名前

月　日

① 次の部分をもつ漢字は、どんなことと関係がありますか。あうものを線でむすびましょう。

① 草・花・苦（くさかんむり）　・　　・「手」に関係がある漢字

② 持・投・打（てへん）　・　　・「水」に関係がある漢字

③ 林・橋・柱（きへん）　・　　・「道を行く」に関係がある漢字

④ 近・遠・進（しんにょう）　・　　・「くさ」に関係がある漢字

⑤ 海・池・波（さんずい）　・　　・「木」に関係がある漢字

② 上の漢字を、同じ部首をもつグループに分け、□に書きましょう。また、部首の名前を　　からえらんで（　）に書きましょう。

終	客	後
科	線	役
家	秋	数
待	放	紙
教	秒	宮

⑤ 糸…

④ 彳…

③ 宀…

② 攵…

① 禾…

ぎょうにんべん　ぼくづくり　いとへん　のぎへん　うかんむり

名前

月　日

① 次の漢字の読みがなを書きましょう。

① 親友
〔親しい　　　　　しい〕

② 温度
〔温かい　　　　　かい〕

③ 育つ
〔教育　　　　　　　〕
〔育つ　　　　　　っ〕

④ 晴天
〔晴れる　　　　　れる〕

⑤ 交通
〔交わる　　　　　わる〕

⑥ 転校
〔転がる　　　　　がる〕

⑦ 助手
〔助ける　　　　　ける〕

⑧ 作者
〔人気者　　　　　　〕

⑨ 旅行
〔旅人　　　　　　　〕

⑩ 薬品
〔目薬　　　　　　　〕

② 次の漢字の――の部分の読みがなを書きましょう。

① ア 人生
　イ 人間
　ウ 人波

② ア 小学校
　イ 小声
　ウ 小川
　エ 小さい犬

③ ア 動物
　イ 荷物
　ウ 品物

④ ア 金魚
　イ 魚市場
　ウ 魚つり

⑤ ア 大木
　イ 木馬
　ウ 庭木
　エ 木かげ

⑥ ア 表面
　イ 紙の表
　ウ 書き表す

名前

月　日

① 次の漢字の読みがなを書きましょう。

① 速球　速い（　い）

② 返事　返す（　す）

③ 問題　問う（　う）

④ 消火　消す（　す）

⑤ 終点　終わる（　わる）

⑥ 安全　安い（　い）

⑦ 植物　植える（　える）

⑧ 放送　放す（　す）

⑨ 緑茶　緑色（　いろ）

⑩ 整理　整える（　える）

② 次の漢字の——の部分の読みがなを書きましょう。

① 音楽室から楽しい音が聞こえる。

② 美人が美しい着物を着る。

③ 多数決で決める。

④ 相談相手。

⑤ きかいの調子を調べる。

⑥ 遊園地で遊ぶ。

⑦ 水泳の時間に、平泳ぎをした。

⑧ 高校生の兄は、せが高い。

⑨ 炭さん飲料水を飲む。

⑩ 運動場にとび箱を運ぶ。

形がにている漢字

にあう漢字を書きましょう。

名前

月　日

① 貯水（ちょすい）　□（ち）　□（ち）下水（かすい）

② 元　夜（よ）□（き）　□（ぎ）車（しゃ）

③ 家　□（りょ）行（こう）　□（ぞく）

④ 鼻（はな）□（ぢ）　大（おお）□（ざら）

⑤ □（およ）ぐ　こおり□（みず）水

⑥ □（い）者（しゃ）　□（く）役所（やくしょ）

⑦ □（しん）友　□（しん）聞（ぶん）

⑧ □（へん）事（じ）　□（さか）道（みち）

⑨ □（そう）定（てい）　□（そう）談（だん）

⑩ □（だい）一（いち）　□（おとうと）

⑪ □（ころ）ぶ　□（かる）い

⑫ お□（さけ）　□（くば）る

⑬ □（ぎん）行（こう）　□（てつ）道（どう）

⑭ □（やく）員（いん）　□（とう）手（しゅ）

⑮ □（はつ）明（めい）　山□（のぼ）り

⑯ □（ちょう）理（り）　来（らい）□（しゅう）

⑰ 太□（よう）　茶の□（ゆ）　□（ば）面（めん）

⑱ □（どく）書（しょ）　童（どう）□（わ）　物（もの）□（がたり）

⑲ □（れん）習（しゅう）　黄（き）□（みどり）　□（せん）路（ろ）

⑳ 雨（あま）□（ぐも）　□（ゆき）国（ぐに）　□（でん）話（わ）

㉑ □（し）集（しゅう）　□（ま）つ　□（も）つ

㉒ □（かい）会式（かいしき）　□（もん）題（だい）　時（じ）□（かん）

㉓ □（な）る　□（とり）　□（しま）

㉔ 門（もん）□（ちゅう）　□（ちゅう）意（い）　□（じゅう）所（しょ）

名前　　　　　　月　日

① 五十音表を書きましょう。

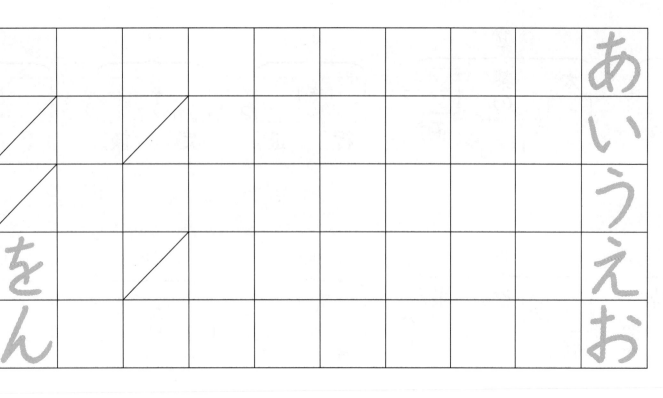

あいうえお
をん

② 国語辞典に出ている順に、番号をつけましょう。（1から8まで）

（　）たか　　　（　）あひる
（　）かもめ　　（　）はと
（　）まなづる　（　）さぎ
（　）わし　　　（　）らいちょう

③ 国語辞典に出ている順に、番号をつけましょう。

①
（　）やれ
（　）やく
（　）やま
（　）やど
（　）やぶ

②
（　）かかし
（　）からす
（　）ガラス
（　）かえで
（　）かがみ

③
（　）こばん
（　）ごばん
（　）ごはん
（　）こはん
（　）ごばん

④
（　）ポーズ
（　）ポール
（　）ホール
（　）ボール
（　）ホース

④ ——のことばを言い切りの形に直しましょう。

〈れい〉白く→白い　読もう→読む

① 息を深くすってはく。
ア（　）イ（　）

② 口を大きく開けよう。
ア（　）イ（　）

③ きれいなハンカチを買った。
ア（　）イ（　）

④ いくら待っても、友だちが来ない。
ア（　）イ（　）

① ――のことばを、言い切りの形に直しましょう。

① 風で落ちた葉を集める。

② ゆっくり書けば、美しい字になる。

③ ビールを飲むと、お父さんの顔が赤くなる。

④ きょうの練習は、とてもきつかった。

⑤ 公園でいっしょに遊ぼう。

⑥ いくら待っても、友だちが来ない。

② 国語辞典に先に出ていることばをえらんで、○をつけましょう。

① （　）ぱらぱら
　　（　）ばらばら

② （　）はっか
　　（　）はつか

③ （　）あい
　　（　）あお

④ （　）ほうじ
　　（　）ぼうし
　　（　）ぼう

⑤ （　）びょう
　　（　）びよう
　　（　）びょう

⑥ （　）ぼたん
　　（　）ボタン

③ 次の文の「あたる」の意味にあうものを　　　からえらんで、記号を書きましょう。

① 矢がまとにあたる。

② 天気予報があたる。

③ 辞書にあたる。

④ 日があたる。

⑤ 頭に石があたる。

⑥ 駅は北の方にあたる。

⑦ 妹につらくあたる。

□□□□

⑧ くじがあたる。

□□□□

ア いじわるなたいどをとる　イ 予想通りになる　ウ ぶつかる　エ よいくじをひく
オ 命中する　カ その方角にある　キ 光がさす　ク たしかめる

名前

月　日

① 次の文章を読んで、後の問いに答えましょう。

　おじいさんは、はたらきもので、気だてもよく、だれにでもすかれていました。ところが、たった一つ、たいへんこまったくせがありました。それは……おならです。おじいさんは、さあ、これからごはんを食べようというときになると、きまって、大きなおならをおとすくせがあったのです。

（「梅の木村のおならじいさん」松岡 享子 『くしゃみくしゃみ天のめぐみ』福音館書店）

① どんなおじいさんですか。
（　　　　　　）

② こまったくせとは、何ですか。
（　　　　　　）

③ ②は、いつ出るのですか。
さあ、これから、（　　　　　　）というとき。

④ きまってと、同じ意味のことばに○をつけましょう。
（　）とつぜん　（　）かならず

② 次の文章を読んで、後の問いに答えましょう。

　つぎの日は日曜でした。三時ごろ、おかあさんはふろに水を入れておこうと思って、ふろ場のドアをあけました。
　すると、どうでしょう。ふろのあらい場のかべぎわに、茶色のヘビがくるりとわになっていました。
　おかあさんはピシャリとドアをしめ、まっ青になって、そこにすわりこんで、口をぱくぱくさせました。さけびたいのに声も出ません。

（「へびをつかむと…」古田 足日『だんち5階がぼくのうち』童心社）

① どこに、何がいましたか。
ふろの（　　　　）に、（　　　　）がくるりとわになっていた。

② おかあさんは、どうなりましたか。
（　　　　）、そこに（　　　　）。

③ 口をぱくぱくさせたのは、なぜですか。
（　　　　）出ないから。

名前

月　日

① 次の文章を読んで、後の問いに答えましょう。

校門のところで井上さんは、ひとりの女の子と、ぶつかりそうになりました。

女の子は一年生くらいで、黄色のワンピースをきていました。やわらかい髪の毛の、目がくりくりっとした子です。

（「手の中のもの、なあんだ？」岡田 淳『放課後の時間割』偕成社）

① 井上さんは、どこで、だれとぶつかりそうになりましたか。

どこで（　　　　　）

だれと（　　　　　）

② その子は、何をきていましたか。

（　　　　　）

③ どんな子ですか。

髪の毛の、

（　　　　　）

目が（　　　　　）子。

② 次の文章を読んで、後の問いに答えましょう。

「これ、あげる。」

女の子は、井上さんのポケットの中に、そのキャラメルをぽとんとおとすと、門のほうへかけていってしまいました。

（「手の中のもの、なあんだ？」岡田 淳『放課後の時間割』偕成社）

・女の子は、どこに、何をおとしましたか。

どこに（　　　　　）

何を（　　　　　）

③ 次の文章を読んで、後の問いに答えましょう。

その夜、つめたいお弁当をすませたあと、ポケットのキャラメルをたべてみました。キャラメルなんてひさしぶりです。外では、冬のわすれもののようなつめたい風がふいていましたが、口の中であまくとけるキャラメルは、胸の中まで、ほっこりあたたまる味がしました。

（「手の中のもの、なあんだ？」岡田 淳『放課後の時間割』偕成社）

① 外では、どんな風がふいていましたか。

（　　　　　）のようなつめたい風。

② どんなキャラメルですか。

口の中で（　　　　　）キャラメル。

③ キャラメルは、どんな味がしましたか。

胸の中まで、（　　　　　）味がした。

49

名前

月　日

● 次の文章を読んで、後の問いに答えましょう。

それは、いつのころか、てんで、けんとうもつかないほどのおおむかし。

イ族のある村に、としよりのふうふがすんでいました。ふたりはいつも、

「子どもがほしい、子どもがほしい。」

とおもっていましたが、すっかりこしがまがってしまっても、　ア　、子どもは、うまれません。

ある日のこと、おばあさんは、あんまりさびしいので、うらの池のほとりで、じっと考えこんでいました。ひとりでに、なみだがこぼれて、ぽとーんと、池の中におちました。

　イ　、池の中から、白いかみの老人があらわれて、

「なぜ、なくのじゃ。」

と、やさしく、たずねました。

（君島 久子やく 『王さまと九人のきょうだい』岩波書店）

① どこに、だれが住んでいましたか。
どこに（　　　　　）
だれが（　　　　　）

② ふたりはいつも何と思っていましたか。
（　　　　　）

③ 　ア　と　イ　にあうことばを　　からえらんで、書きましょう。
ア　[　　　　　]
イ　[　　　　　]

やっと　　もう　　まだ
けれども　　すると　　しかし

④ ある日、だれが、どこで、どのように考えこんでいましたか。
だれが（　　　　　）
どこで（　　　　　）
どのように（　　　　　）　考えこんでいた。

⑤ おばあさんのさびしい気持ちがわかる文に、線を引きましょう。

⑥ 池の中からあらわれたのは、だれですか。
（　　　　　）

⑦ ⑥の人は、何とたずねましたか。
[　　　　　]

50

名前

月　日

① 次の文章を読んで、後の問いに答えましょう。

ちいさなヌーチェは、北国の男の子です。ツンドラの野原のテント小屋で、うまれました。

トナカイのちちをのみ、トナカイとかけっこして、大きくなりました。

ほっぺたは、野原のはてにのぼるあさ日のように、まっか。目は、氷の下におよぐ魚のように、ぴちぴちひかって、元気な子どもでした。

※ツンドラ…一年のほとんどは、氷がはっていて、夏だけコケなどが生える平原。

（「ヌーチェの水おけ」神沢利子『二十年前のサンマの化石』小峰書店）

① ヌーチェは、どこでうまれましたか。

（　　　）の（　　　）の（　　　）

② どのようにして、大きくなりましたか。

（　　　）をのみ、（　　　）して、大きくなった。

③ ヌーチェはどんな子どもですか。

ほっぺたは、□□□□子ども。

目は、□□□□□□ひかっている。

② 次の文章を読んで、後の問いに答えましょう。

ナナカマドの実が赤くうれて、秋がきます。そして、カモたちが南へわたると、ツンドラの野原は、白い雪と氷におおわれます。

いよいよ、アザラシがりのきせつがきました。男たちは、そろって海へでかけました。ちびっこのヌーチェも、りょうにいきたくてなりません。

（「ヌーチェの水おけ」神沢利子『二十年前のサンマの化石』小峰書店）

① 秋がくると、次のものはどうなりますか。

カモたち（　　　）

ツンドラの野原（　　　）

② いよいよ、何のきせつがきましたか。

（　　　）のきせつ

③ ヌーチェは、どうしたいのですか。

（　　　）

○ 次の文章を読んで、後の問いに答えましょう。

「あった！」

コウくんのマフラーは、はやしのはずれのくぼみにおちていました。

くさいろのマフラーをとったら、フキノトウが三つ、とけかかったゆきのあいだから、ちょっぴりかおをのぞかせていました。

「あ。」

にこっとして、みんながかおをみあわせました。

ネコヤナギのかたいつぼみがゆれて、ゆきどけのにおいがしました。

（おまえ、□をつれてきてくれたんだな。）

と、コウくんは、こころのなかで、北風にいいました。

ヒュルル　ヒュルルと北風はわらって、海のとおくにふきすぎていきました。

（『くさいろのマフラー』後藤　竜二　草土文化）

① おちていたのは、だれのマフラーですか。

（　　　　）のマフラー。

② マフラーは、どこにおちていましたか。

（　　　　）に
（　　　　）に
おちていた。

③ マフラーをとったら、何がありましたか。

（　　　　）

④ ③は、どこから見えましたか。

（　　　　）

⑤ 「あ。」と声を出したのは、どうしてでしょう。あうものに○をつけなさい。

（　）こわくてどきどきしたから
（　）思いがけないことで、びっくりしたから
（　）わすれていたことを急に思い出したから

⑥ 「みんながかおをみあわせた」のは、なぜですか。あうものに○をつけなさい。

（　）うれしかったから
（　）こまったから
（　）うたがっているから

⑦ □には、どのきせつのことばが入りますか。あうものに○をつけなさい。

（　）春　（　）夏　（　）秋　（　）冬

⑧ おまえというのはだれですか。

（　　　　）

⑨ ⑧は、どのようにしてふきすぎていきましたか。

（　　　　）
ふきすぎていった。

名前　　　　月　日

①

次の文章を読んで、後の問いに答えましょう。

みかんの葉の上に、アゲハチョウのよう虫を見つけました。それは、黒っぽい色で、小鳥のふんににていました。

① それは、何をさしますか。
［　　　　　］の

② それは、どんな色で、何ににていましたか。
（　　　　　）色で、
（　　　　　）ににていた。

②

次の文章を読んで、後の問いに答えましょう。

ザリガニの子どもは、生まれてから二週間ぐらいは、お母さんのおなかにくっついてくらします。そこが、子どもにとって、一番安全な場所だからです。

① そこは、何をさしますか。
［　　　　　］の

② で、ザリガニの子どもは生まれてから、どのくらいくらしますか。
（　　　　　）ぐらい。

③ 子どもにとって、そこは、どんな場所ですか。
（　　　　　）場所。

③

次の文章を読んで、後の問いに答えましょう。

牛にゅうには、体にひつようなえいようが、いろいろふくまれています。その なかでも、ほねや歯をつくるカルシウムがほうふです。それが、足りないと、いらいらしたり、ほねが弱くなったりします。

① そのア は、何をさしますか。
［　　　　　］

② それイ は、何をさしますか。
［　　　　　］な

③ ②のものは、何をつくりますか。
（　　）や（　　）をつくる。

④ それイ が足りないと、どうなりますか。
（　　　　　）

名前

月　日

①

次の文章を読んで、後の問いに答えましょう。

まるはなばちは口をとがらせて、みつをすいます。花粉が、かおやからだにつきます。その花粉を足でそうじして、うしろ足のかごにあつめます。

まるはなばちは、みつや花粉を巣にもちかえり、子どもたちのえさにするのです。

（高家　博成『こすもすと虫たち』新日本出版社）

① まるはなばちは、どのようにして、みつをすいますか。

（　　　　　）、みつをすう。

② 花粉は、どこにつきますか。

（　　　　　）につく。

③ その花粉をどうしますか。

（　　　　　）して、

（　　　　　）にあつめる。

④ まるはなばちは、巣に持ち帰ったみつや花粉を何にしますか。

（　　　　　）にする。

②

次の文章を読んで、後の問いに答えましょう。

ネコの顔の触毛は、広げると大きな円のような形になります。

ネコは、この円の直径と同じはばがある所なら、どこでも通りぬけられます。ネコは、この触毛を使って、通れるかどうかを決めているのです。

また、ネコは、えものを見つけると、見うしなわないように、しっかりと見つめたまま近づきます。ネコは、あごで地面をこするようにして、前足をふみ出します。この時ネコは、足もとを見なくても物にぶつからずに、えものに近づくことができます。ネコは、この触毛を使って、地面をさぐりながら進んでいるのです。

（「ネコのひげ」折井 英治『みんなと学ぶ 小学校国語三年下』学校図書）

① ネコの顔の触毛は、広げるとどんな形になりますか。

（　　　　　）

② ネコは、触毛を使って、何を決めているのですか。

（　　　　　）

③ ネコは、えものを見つけると、どのように近づきますか。

（　　　　　）

④ ネコが、足もとを見なくても物にぶつからずに、えものに近づくことができるのは、なぜですか。

（　　　　　）から。

名前

月　日

○ 次の文章を読んで、後の問いに答えましょう。

こすもすの茎に、かまきりがうんだたまごのかたまりがついています。

おや！　たまごにちいさな黒い虫がついていますよ。

おしりにながいくだのあるちいさなはちです。

はちは、かまきりのたまごのにおいをかぎわけると、ながいくだをさしこんで、じぶんのたまごをうみつけます。そのたまごからかえったようちゅうは、かまきりのたまごをたべて大きくなります。

たまごのかたまりからでてきます。

　　　　□　つぎの年の春には親になって、かまき

（高家　博成『こすもすと虫たち』新日本出版社）

① かまきりは、どこにたまごをうみましたか。

（　　　　　　　　　　　）

② たまごについている虫は、どんな虫ですか。

（　　　　　　　）虫で、（おしりに

　　　　　　　　　　　　　　　　　　　）はち

③ はちは、どのようにして、かまきりのたまごを見つけるのですか。

（　　　　　　　　　　　　　　　　　　　）

④ はちのようちゅうは、何を食べて大きくなりますか。

（　　　　　　　　　　　）を食べて大きくなる。

⑤ □ に入ることばをえらんで、○をつけましょう。

㋐（　）けれども　㋑（　）それとも　㋒（　）そして

⑥ 文章の内ように順になるように、（　）に番号を書きましょう。

（　）はちがたまごをうみつける。

（　）はちが親になって、たまごのかたまりから出てくる。

（　）かまきりがたまごをうむ。

（　）はちのようちゅうが大きくなる。

名前

月　日

次の文章を読んで、後の問いに答えましょう。

1　植物の中には、かれずに冬をすごすものがあります。

2　寒い所でタンポポを見てみると、葉をねかせて地面にはりつけ、四方八方に広げています。このような形をロゼットといいます。

3　なぜ、タンポポはロゼットで冬をすごすのでしょうか。それは、葉を大きく広げると、太陽の光がたくさん当たるからです。

4　□、せがひくいので、つめたい風をさけることもできます。

① このような形とは、どのような形ですか。

葉を（　　　）、（　　　）に（　　　）形。

② 3と4は、何が書いてありますか。
[　]からえらんで、書きましょう。

3（　　　）

4（　　　）

実けんしたこと　答え　かんさつしたこと　問い

③ □に入ることばをえらんで、〇をつけましょう。

（　）また　（　）しかし　（　）それとも

④ タンポポがロゼットで冬をすごすのは、なぜですか。

葉を（　　　）と、（　　　）ので、

せが（　　　）ので、（　　　）から。

名前　　　　月　　日

● 次の詩を読んで、後の問いに答えましょう。

わたしと小鳥とすずと

金子 みすゞ（ず）

わたしが両手をひろげても、
お空はちっともとべないが、
とべる小鳥はわたしのように、
地面をはやくは走れない。

わたしがからだをゆすっても、
きれいな音はでないけど、
あの鳴るすずはわたしのように
たくさんなうたは知らないよ。

すずと、小鳥と、それからわたし、
みんなちがって、みんないい。

『国語三上 わかば』光村図書

（1） あ について、（ ）にあうことばを書きましょう。

① （　　　　）と（　　　　）をくらべている。

② わたしが両手をひろげても、わたしは地面（じべた）をはやく走れても、
（　　　　）が、

③ 小鳥は、空をとべるが、
（　　　　）。

（2） い について、（ ）にあうことばを書きましょう。

① （　　　　）と（　　　　）をくらべている。

② わたしがからだをゆすっても、わたしはたくさんのうたを知っている。
（　　　　）けど、

③ すずは、きれいな音はでるけど、
（　　　　）。

（3） 「が」と同じような使い方をしていることばを、詩の中から見つけましょう。

☐☐

（4） 作者（さくしゃ）の思いが強く表（あらわ）れている一行に線を引きましょう。

（5） この詩には、作者のどんな思いがこめられていますか。二つえらんで、○をつけましょう。

（　　　　）この世の中では、わたしたち人間がいちばんえらい。

（　　　　）すべてのものが、一つ一つちがっていて、それぞれによさがある。

（　　　　）みんなが、それぞれ自分勝手（じぶんかって）なことをしていい。

（　　　　）一人一人が、大切なそんざいである。

名前 （　　　）

月　　日

次の詩を読んで、後の問いに答えましょう。

夕日がせなかをおしてくる

阪田　寛夫

夕日がせなかをおしてくる
まっかなうででおしてくる
歩くぼくらのうしろから
でっかい声でよびかける

さよなら　さよなら
さよなら　きみたち
ばんごはんがまってるぞ
あしたの朝ねすごすな

夕日がせなかをおしてくる
そんなにおすなあわてるな
ぐるりふりむき太陽に
ぼくらも負けずどなるんだ

さよなら　さよなら
さよなら　太陽
ばんごはんがまってるぞ
あしたの朝ねすごすな

《「国語三上　わかば」光村図書》

① この詩は、いくつのまとまりに分かれていますか。

□ 　つの　まとまり

② 一つ目のまとまりは、だれからだれに声をかけているのですか。

（　　　）から
（　　　）に。

③ 二つ目のまとまりは、だれからだれに声をかけているのですか。

（　　　）から
（　　　）に。

④ 「夕日がせなかをおしてくる」とは、どういう意味ですか。

（　　　）が子どもたちの
（　　　）に強くあたっている。

⑤ あとは何のことですか。えらんで、○をつけましょう。

ア（　　）日やけしたうで
イ（　　）夕やけの光線
ウ（　　）長いかげぼうし

⑥ どんな夕日ですか。えらんで、○をつけましょう。

ア（　　）らんぼうでこわい
イ（　　）力強くてやさしい
ウ（　　）気が弱くてさびしがりや

⑦ いから、子どもたちのどんな気持ちがわかりますか。えらんで○をつけましょう。

ア（　　）もっと遊んでいたい
イ（　　）早く家に帰りたい
ウ（　　）早くばんごはんを食べたい

⑧ この詩には、夕日のことを、人間がしているように表しているところがあります。二つ書きましょう。

・まっかな（　　　）で
・でっかい（　　　）で
（　　　）。

名前

月　日

○次の文章を読んで、後の問いに答えましょう。

そうです。今日は、すいせんが、今年はじめてラッパをふく日なのです。

なぜラッパをふくかというとね、冬の間ねむっていたかえるたちに、春ですよ起きなさいと知らせてあげるためです。

すいせんは、お日さまの高さをはかったり、風のはやさをしらべたり、ラッパをプーとふいたりして、ときどき、もうすぐだというように、うんうん、うなずきます。

ありたちは、葉っぱの上で、ゆらゆらゆれて、じっとまっています。

あたたかい風が、ささあっとふきわたり、日の光が、一面にちりました。

（うん。今だ！）

すいせんは、大きくいきをすって、金色のラッパをふき鳴らします。

プップ・パッパ・パッパラピー・プウ

すき通った音が、池をわたり、地面をゆさぶり、おかを上って、向こうの空にきえます。ありたちは、目をまん丸にして、うんとせのびをして、まわりを見ました。

……すると、池のそばのつつじのねもとがむくっ。

（あ、あそこだ、あそこだ。）

ありたちは、ひじをつついて、ささやきます。

むくっ。むくむくむくっ。グローブみたいなかえるがとび起きました。

（工藤 直子『新しい国語 三上』東京書籍）

① 今日は、どんな日ですか。

（　　　　　　　　　）

② すいせんがラッパをふくのは、だれに知らせてあげるためですか。

（　　　　　　　　　）

③ すいせんは、どんなじゅんびをしていますか。

（　　　　　）たり、
（　　　　　）たり、
（　　　　　）たりして、ときどき、
（　　　　　）、うんうん、うなずく。

④ （うん。今だ！）とすいせんが思ったときを表す文を書きましょう。

あたたかい（　　　　　　　）

⑤ 金色のラッパの音は、どんな音でしたか。

（　　　　　　　　　）

⑥ すき通った音は、どこを通ってきえましたか。

（　　　　　　　　　）

⑦ とび起きたのは、どんなかえるでしたか。

（　　　　　　　　　）かえる

物語文 きつつきの商売

名前

月　日

次の文章(ぶんしょう)を読んで、後の問(と)いに答えましょう。

野うさぎは、きつつきのさし出したメニューをじっくりながめて、メニューのいちばんはじっこをゆびさしながら、

「これにするわ。」

と言いました。

「ぶなの音です。」

「四分音符(しぶおんぷ)、ちょうだい。」

「しょうちしました。では、どうぞこちらへ。」

きつつきは、野うさぎをつれて、ぶなの森にやって来ました。

それから、野うさぎを、大きなぶなの木の下に立たせると、自分は、木のてっぺん近くのみきに止まりました。

「さあ、いきますよ、いいですか。」

きつつきは、木の上から声をかけました。

野うさぎは、きつつきを見上げて、こっくりうなずきました。

「では。」

きつつきは、ぶなの木のみきを、くちばしでカいっぱいたたきました。

コーン。

ぶなの木の音が、ぶなの森にこだましました。

野うさぎは、きつつきを見上げたまま、だまって聞いていました。きつつきも、うっとり聞いていました。きつつき

四分音符分よりも、うんと長い時間がすぎてゆきました。

（林原 玉枝『国語三上　わかば』光村図書）

① 野うさぎは、どんなようすで、音をえらびましたか。

　野うさぎは、きつつきのさし出したメニューを（　　）。

② 野うさぎは、何をどれだけ注文(ちゅうもん)しましたか。

　何を（　　）

　どれだけ（　　）

③ きつつきは、野うさぎを、どこに立たせましたか。

　（　　）

④ きつつきは、どこに止まりましたか。

　（　　）

⑤ きつつきが、木の上から声をかけると、野うさぎはどうしましたか。

　（　　）て、（　　）。

⑥ きつつきは、どのようにして、音を出しましたか。

　（　　）を（　　）。

⑦ ⑥はどんな音でしたか。

　（　　）

⑧ ぶなの木の音は、どうなりましたか。

　（　　）

⑨ 野うさぎときつつきが、音にひたっていることがわかる一文を書きましょう。

　（　　）

名前

月　　日

次の文章を読んで、後の問いに答えましょう。

「やあい、やあい、くやしかったら、
つり橋わたって、かけてこい。」
山の子どもたちがはやしました。

トッコは、きゅっとくちびるをかみし
めて、ゆれるつり橋を見ました。ふじづ
るでできた橋の下には、谷川がゴーゴー
としぶきを上げてながれています。

橋はせまいくせに、ずいぶん長くて、
人が歩くと、よくゆれます。おまけに、今
にもふじづるが切れそうなほど、ギュッ、
ギュッと、きしむのです。だから、さす
がにまけずぎらいなトッコも、足がすく
んでしまいました。

「やあい、ゆう気があったら、とっとわ
たれ。」

（長崎 源之助『みんなと学ぶ 小学校国語三年上』学校図書）

① だれが、だれをはやしましたか。
だれが（　　　　　　）が
だれを（　　　　　　）をはやした。

② 「きゅっとくちびるをかみしめて」から、
トッコのどんな気持ちがわかりますか。
あうものに一つ、○をつけましょう。
（　）一人になったので、つまらない。
（　）よし、がんばるぞ。
（　）はやされて、くやしい。

③ 谷川は、どんなようすでながれていま
すか。
（　　　　）と（　　　　）
ながれている。

④ どんな橋ですか。
せまいくせに、（　　　　　）て、
人が歩くと（　　　　　）。
今にも（　　　　）。
ほど、（　　　　　　）。

⑤ トッコの性格を表すことばを、上の文章
から見つけましょう。

⑥ 「足がすくんでしまいました」は、どん
なようすですか。あうものに一つ、○を
つけましょう。
（　）歩きすぎて、足がいたい。
（　）こわくて、足が一歩も出ない。
（　）速すぎて、追いつけない。

名前

月　　日

〇 次の文章を読んで、後の問いに答えましょう。

トッコはびっくりして、思わず目をつむりました。

そして、こわごわ目をあけると、そばに、かすりの着物を着た男の子が立っていたのです。

「あら、あんた、いつ来たの。」

と、トッコがきくと、男の子は、

「あら、あんた、いつ来たの。」

と言って、にっこりしました。

「おかしな子ね。」

「おかしな子ね。」

「こらっ、まねするな。」

「こらっ、まねするな。」

と言って、にげました。

トッコが手をふり上げると、男の子は、

「まねすると、ぶつわよ。」

「まねすると、ぶつわよ。」

男の子は、わらいながら、つり橋をトントンかけていきました。

トッコも、知らないうちに、つり橋をトントンわたっていました。つり橋はゆれましたが、トッコは、もうこわいと思いませんでした。

（長崎 源之助『みんなと学ぶ　小学校国語三年上』学校図書）

① トッコはびっくりして、どうしましたか。
（　　　　　　　　　　　）

② こわごわ目をあけると、そばに、だれが立っていましたか。
（　　　　　　　　　　　）を着た（　　　　　　　）が立っていた。

③ ⑧と、トッコが聞くと、男の子は何と言いましたか。
「　　　　　　　　　　。」

④ 男の子は、③と言ってどうしましたか。
（　　　　　　　　　　　）

⑤ トッコは、なぜ「おかしな子ね。」と言ったのですか。
男の子が、トッコのことばを、上の文章から見つけましょう。
□□にあうことばを、

□□

⑥ 男の子は、どうしながら、つり橋をかけていきましたか。
（　　　　　　　　　）、かけていった。

⑦ ⑥の後、トッコは、どうしていましたか。
トッコも（　　　　　　）に、（　　　　　　）。

⑧ ⑦のとき、トッコは、どんな思いでしたか。
（　　　　　　）が（　　　　　　）ても（　　　　　　）。

物語文 まいごのかぎ

名前

月　日

次の文章を読んで、後の問いに答えましょう。

ふり向くと、バスが十何台も、おだんごみたいにぎゅうぎゅうになって、やって来るのです。

「わたしが、時こく表をめちゃくちゃにしたせいだ。」

どうしよう。もう、交番にも行けない。おまわりさんにしかられる。りいこは、かぎをぎゅっとにぎりしめて、立ちすくんでしまいました。

きみょうなことは、さらにおこりました。つながってきたバスが、りいこの前で止まり、クラクションを、ファ、ファ、ファ、ファーン、と、がっそうするように鳴らしたのです。そして、リズムに合わせて、くるくると、向きや順番をかえはじめました。りいこは、目をぱちぱちしながら、そのダンスに見とれていました。

「なんだか、とても楽しそう。」

そして、はっと気づいたのです。もしかしたら、あのさくらの木も、楽しかったのかもしれない。どんぐりの実をつけたのは、きっと春がすぎても、みんなと遊びたかったからなんだ。ベンチも、たまには公園でねころびたいだろうし、あじだって、いちどは青い空をとびたかったんだ。

「みんなも、すきに走ってみたかったんだね。」

しばらくして、バスはまんぞくしたかのように、一台一台といつもの路線に帰っていきました。

（斉藤 倫『国語三上 わかば』光村図書）

① りいこは、バスがたくさんやって来たのは、なぜだと思いましたか。
　（　わたしが、　　　　　　　　　）

② どうしようと、こまっていることがわかるところに線をひきましょう。

③ きみょうなこととは、どんなことですか。
　バスが、クラクションを、（　　　　　）し、（　　　　　）や（　　　　　）をかえはじめた。

④ 見とれていたのは、どう思ったからですか。
　（　　　　　　　　　）

⑤ はっと気づいたのは、何ですか。
　さくらの木…どんぐりの実をつけたのは、（　　　　　）
　ベンチ…（　　　　　）
　あじ…（　　　　　）

⑥ りいこは、バスがしたかったことを何だと思いましたか。
　（　　　　　　　　　）

63

名前

月　日

○ 次の文章を読んで、後の問いに答えましょう。

子ぐまははりねずみにおいつくと、いきもつかずに話しだしました。

「おじいさん、ぼく、冬ごもりするんだよ！ 葉っぱを、たくさんたくさんしいて、お母さんといっしょに木の下で。だから春まで会えないの。それでおやすみ言いにきたの。春になって目がさめたら、またいろんなお話聞かせてね。」

そして、まだ目をぱちくりしているはりねずみに、

「はい。これお母さんから。」

と、小さなはちみつのつぼを手わたすと、また、もと来た方へかけていきました。

「きっとだよ！」

子ぐまが見えなくなるまで、じっと見おくっていたはりねずみが、ふと気づくと、それは今朝、金貨を拾ったあたりでした。

はりねずみは手の中の金貨を見ながら、考えました。

（金貨は取っときなよ……か。じゃが、何のために？ ほしきのこはあるし、新しいくつもある。あったかいくつ下に、はちみつまであるというのに。）

はりねずみはしばらく金貨を手の中でころがしていましたが、やがて、それを道ばたにおき、わが家へ向かって歩きだしました。

「だれかの役に立つかもしれんしな。」

としました。

（ウラジーミル・オルロフ文　田中潔やく『新しい国語　三上』東京書籍）

① 子ぐまが話しだしたことを書きましょう。

こぐまが（　　　　　）こと。

だから（　　　　　）こと。

それで（　　　　　）こと。

② 子ぐまが手わたしたものは、何でしたか。

（　　　　　）

③ 「きっとだよ！」とは、何のことですか。

春になって（　　　　　）、また（　　　　　）ということ。

④ はりねずみが、金貨を見ながら考えたことは、どういうことですか。（　　）にことばを書きましょう。

金貨を取っておくのは（　　）し、（　　）ある。（　　）に、（　　）まで（　　）というのに。

⑤ はりねずみは、やがて、金貨をどうしましたか。

⑥ はりねずみが⑤のようにしたのは、なぜでしょう。

名前

月　日

次の文章を読んで、後の問いに答えましょう。

1 男の子は、チョコレートのかけらを
さし出した。
「さあ、お食べよ。ぼくと半分こだよ。」
2 じんざは、チョコレートはすきでは
なかった。けれども、目を細くして受
け取った。じんざはうれしかったのだ。
3 それから男の子は、毎日やってきた。
チョコレートを持ってきた。そして、
お母さんのことを話して聞かせた。
4 じんざは、もうねむらないでまって
いた。やってくるたびに、男の子は
じんざはのり出して、うなずいて聞い
ていた。
5 □ 、サーカスがあしたで終わる
という日、男の子はいきをはずませて
とんできた。
「お母さんがね、もうじき、たい院す
るんだよ。それにおこづかいもたまっ
たんだ。あしたサーカスに来るよ。」
6 男の子が帰っていくと、じんざの体
に力がこもった。目がぴかっと光った。
「……ようし、あした、わしはわかい
ときのように、火の輪を五つにして
くぐりぬけてやろう。」

（川村 たかし『新しい国語 三年上』東京書籍）

① あのようすがよくわかる文を書きましょう。

けれども、

　　　　　　　　　　　　。

② 男の子へのじんざの気持ちが、よくわか
る文を4から二つ書きましょう。

じんざは、

　　　　　　　　　　　　。

じんざは、

　　　　　　　　　　　　。

③ □ にあうことばを一つえらんで、○
をつけましょう。

（　）いよいよ　（　）ますます　（　）いつも

④ いのは、なぜですか。あうものを一つえ
らんで、○をつけましょう。

（　）じんざに早くわかれを言いたいから。
（　）じんざに早く知らせたいことがある
から。
（　）じんざに会うのが、いつもよりおそ
くなったから。

⑤ 男の子が話したことを、二つ書きましょう。
お母さんが、
　　　　　　　　　　　　こと。

　　　　　　　　　　　　こと。

⑥ じんざは、あした何をしようと決意しま
したか。

物語文　サーカスのライオン②

名前

月　日

次の文章を読んで、後の問いに答えましょう。

「なあに。わしは火には、なれていますのじゃ。」

けれども、ごうごうとふき上げるほのおかいだんをはい上り、けむりはどの部屋からもうずまいてふき出ていた。

じんざは足を引きずりながら、男の子の部屋までたどり着いた。

部屋の中で、男の子は気をうしなっておれていた。じんざはすばやくだきかかえて、外へ出ようとした。けれども、表はもう、ほのおがぬうっと立ちふさがってしまった。高いので、

石がきの上のまどから首を出したじんざは、思わず身ぶるいした。高いので、さすがのライオンもとび下りることはできない。

じんざは力のかぎりほえた。

ウォーッ

（川村 たかし『新しい国語 三年上』東京書籍）

① 火事のはげしいようすを書きましょう。
ほのお（　　　）
けむり（　　　）

② 男の子は、どこで、どうしていましたか。
どこで（　　　）で、
どうしていた（　　　）
出る

③ ②を見たじんざは、どうしましたか。
（　　　）

④ 表のようすが書かれているところに、線を引きましょう。

⑤ 思わず身ぶるいしたのは、なぜですか。
高いので、じんざでも（　　　）から。

⑥ ～～とは、どんな声でほえたのですか。一つえらんで、〇をつけましょう。
（　）とても大きなきれいな声
（　）これ以上出ないほどの声

⑦ 「ウォーッ」には、じんざのどんな思いがこめられていますか。二つえらんで、〇をつけましょう。
（　）火がこわい。もうだめだ。
（　）何があっても、この子だけは助けるぞ。
（　）だれか早く気づいてくれ。ここに子どもがいるんだ。
（　）わしは、火の輪を五つにしてくぐりぬけるぞ。

○ 次の文章を読んで、後の問いに答えましょう。

あなぐまは、かしこくて、いつもみんなにたよりにされています。こまっている友達は、だれでも、きっと助けてあげるのです。それに、大変年をとっていて、知らないことはないというぐらい、もの知りでした。あなぐまは、自分の年だと、死ぬのがそう遠くはないことも、知っていました。

あなぐまは、死ぬことをおそれてはいません。死んで体がなくなっても、心はのこることを知っていたからです。だから、前のように体がいうことをきかなくなっても、くよくよしたりしませんでした。ただ、あとにのこしていく友達のことが気がかりで、自分がいつか長いトンネルの向こうに行ってしまっても、あまり悲しまないようにと、言っていました。

ある日のこと、あなぐまは、もぐらとかえるのかけっこを見に、おかに登りました。その日は、とくに年をとったような気がしました。あと一度だけでも、みんなといっしょに走れたらと思いましたが、あなぐまの足では、もう無理なことです。それでも、友達の楽しそうな様子をながめているうちに、自分も幸せな気もちになりました。

（スーザン・バーレイ文／小川仁央やく『ひろがる言葉　小学国語　三上』教育出版）

① どんなあなぐまですか。
かしこくて、いつも（　　　）
こまっている友達は、だれでも、

② あというのは、なぜですか。
大変（　　　）も、知らないことはないというぐらい、（　　　）から。

③ あなぐまは、何が気がかりだったのですか。
（　　　）のこと。

④ いは、どんな意味ですか。あうものに、〇をつけましょう。
（　　　）死んでしまうこと。
（　　　）遠いよその村に行くこと。

⑤ あなぐまは、自分が行ってしまっても、どうするようにと、言っていましたか。
（　　　）と、言っていた。

⑥ あなぐまは何を見に、おかに登りましたか。
（　　　）

⑦ ⑥を見て、あなぐまはどう思いましたか。
（　　　）と思った。

⑧ なぜ、あなぐまは幸せな気持ちになったのですか。わかる所に、線を引きましょう。

名前

月　日

次の文章を読んで、後の問いに答えましょう。

みんなだれにも、なにかしら、あなぐまの思い出がありました。あなぐまは、一人一人に、わかれたあとでもたからものとなるような、ちえやくふうをのこしてくれたのです。

みんなは、それで、たがいに助け合うこともできました。

最後の雪が消えたころ、あなぐまがのこしてくれたもののゆたかさで、みんなの悲しみも、消えていました。あなぐまの話が出るたびに、だれかがいつも、楽しい思い出を、話すことができるようになったのです。

あるあたたかい春の日に、もぐらは、いつかかえるとかけっこをしたおかに登りました。もぐらは、あなぐまがのこしてくれた、おくりもののお礼が言いたくなりました。

「ありがとう、あなぐまさん。」

もぐらは、なんだか、そばであなぐまが、聞いていてくれるような気がしました。

そうですね——きっとあなぐまに——聞こえたにちがいありませんね。

（スーザン・バーレイ　文／小川　仁央　やく　『ひろがる言葉　小学国語　三上』教育出版）

① 「一人一人に」と同じ意味のことばを、上の文章の中からさがして、書きましょう。

☐☐☐☐☐☐☐☐

② あなぐまは、一人一人に、何をのこしてくれましたか。

③ ＿＿＿できましたとは、どうすることですか。

（　　　）こと。

④ 最後の雪が消えたころ、何が消えましたか。

（　　　）

⑤ みんなが話すことができるようになったのは、何ですか。

（　　　）

⑥ もぐらは、いつ、どこに登りましたか。

いつ（　　　）

どこに（　　　）

⑦ もぐらは、何のお礼を言いたくなりましたか。

あなぐまがのこしてくれた、（　　　）へのお礼。

⑧ もぐらは、どんな気がしましたか。

（　　　）

次の文章を読んで、後の問いに答えましょう。

ちいちゃんとお兄ちゃんを中にして、四人は手をつなぎました。そして、みんなで、かげぼうしに目を落としました。

「まばたきしちゃ、だめよ。」
と、お母さんがちゅういしました。
「まばたきしないよ。」
ちいちゃんとお兄ちゃんが、やくそくしました。

「ひとうつ、ふたあつ、みいっつ。」
と、お父さんが数えだしました。
「ようっつ、いつうつ、むうっつ。」
と、お母さんの声もかさなりました。
「ななあつ、やあっつ、ここのうつ。」
ちいちゃんとお兄ちゃんも、いっしょに数えだしました。
「とお。」
目の動きといっしょに、白い四つのかげぼうしが、すうっと空に上がりました。

「すごうい。」
と、お兄ちゃんが言いました。
「すごうい。」
と、ちいちゃんも言いました。
「今日の記念写真だなあ。」
と、お父さんが言いました。
「大きな記念写真だこと。」
と、お母さんが言いました。

次の日、お父さんは、白いたすきをかたからななめにかけ、日の丸のはたに送られて、列車に乗りました。

（あまん きみこ『国語三下 あおぞら』光村図書）

① 「目を落としました。」とは、どうしたのですか。下にある（　　　　）を（　　　　）こと。

② ちいちゃんとお兄ちゃんは、何をやくそくしましたか。

③ 数を数えだしたじゅんに、家族を書きましょう。
（　　　）←（　　　）←（　　　）

④ みんなで数を数えだしたことから、家族のどんなようすがわかりますか。一つえらんで、○をつけましょう。
（　）自分のことばかり考えている。
（　）明るくて、にぎやかである。
（　）心がつながっていて、なかがいい。

⑤ 「とお。」と数えると、どうなりましたか。

⑥ お兄ちゃんとちいちゃんの気持ちがわかる言葉を書きましょう。
「　　　　　　。」

⑦ 「今日」とは、どんな日ですか。
お父さんが戦争に行く（　　　）の日。

⑧ お母さんは何と言いましたか。
「　　　　　　。」

名前

月　日

○ 次の文章を読んで、後の問いに答えましょう。

夏のはじめのある夜、※くうしゅうけいほうのサイレンで、ちいちゃんたちは目がさめました。

「さあ、急いで。」

お母さんの声。

外に出ると、もう、赤い火が、あちこちに上がっていました。

お母さんは、ちいちゃんとお兄ちゃんを両手につないで、走りました。

風の強い日でした。

「こっちに火が回るぞ。」

「川の方ににげるんだ。」

だれかがさけんでいます。

風があつくなってきました。ほのおのうずが追いかけてきます。お母さんは、ちいちゃんをだき上げて走りました。

「お兄ちゃん、はぐれちゃだめよ。」

お兄ちゃんがころびました。足から血が出ています。ひどいけがです。お母さんは、お兄ちゃんをおんぶしました。

「さあ、ちいちゃん、母さんとしっかり走るのよ。」

けれど、たくさんの人に追いぬかれたり、ぶつかったり――、ちいちゃんは、お母さんとはぐれました。

「お母ちゃん、お母ちゃん。」

ちいちゃんはさけびました。

（あまん　きみこ『国語三下　あおぞら』光村図書）

※くうしゅうけいほう
…てきのひこうきによる
こうげきを知らせる合図

① ちいちゃんたちは、何で目がさめましたか。

② 外に出ると、どうなっていましたか。

③ お母さんは、どうしましたか。

④ 火が回って、せまってきていることがわかる文を二つ書きましょう。

⑤ お母さんは、どうしましたか。

⑥ お母さんが、お兄ちゃんをおんぶしたのは、なぜですか。

⑦ ちいちゃんが、お母さんとはぐれたのは、どうしてですか。

（お兄ちゃんが）

⑧ ちいちゃんはさけびましたから、どんなようすがわかりますか。

名前

月　日

次の文章を読んで、後の問いに答えましょう。

お日様が西にかたむき、夕やけ空がだんだん暗くなりました。

⊛ところがたいへん。あんなに気をつけて歩いていたのに、おじいさんは、石につまずいて転んでしまいました。

おじいさんは真っ青になり、がたがたふるえました。

家にすっとんでいき、おばあさんにしがみつき、⊙おいおいなきました。

「ああ、どうしよう、どうしよう。わしのじゅみょうは、あと三年じゃ。三年しか生きられぬのじゃあ。」

その日から、おじいさんは、ごはんも食べずに、ふとんにもぐりこみ、とうとう病気になってしまいました。

お医者をよぶやら、薬を飲ませるやら、おばあさんはつきっきりで看病しました。

　☐ 、おじいさんの病気はどんどん重くなるばかり。村の人たちもみんな心配しました。

（李錦玉『国語三年下　あおぞら』光村図書）

① ⊛とは、だれが、どんなわけで、どうしたのですか。

だれが
〜

どんなわけで
〜

どうした
〜

② ①のあと、おじいさんのようすを表す文を書きましょう。
〜

③ おじいさんが気をつけていたのは、どんなことですか。
〜

④ ⊙とは、どんななき方ですか。一つえらんで、〇をつけましょう。

（　）声をたてずに、よわよわしくなく。
（　）なみだをぽろぽろ流してなく。
（　）声をあげて、はげしくなく。

⑤ ④のようにないたのは、なぜですか。
〜　　　　　　　　から。

⑥ おじいさんは、どうなってしまいましたか。
〜

⑦ ☐ には、どんなことばが入りますか。一つえらんで、〇をつけましょう。

（　）そうして
（　）けれども
（　）やがて

71

名前

月　　日

● 次の文章を読んで、後の問いに答えましょう。

おじいさんの病気はどんどん重くなるばかり。村の人たちもみんな心配しました。

そんなある日のこと、水車屋のトルトリが、みまいに来ました。

※水車を使い米や麦をこなにひく仕事をしている人

「おいらの言うとおりにすれば、おじいさんの病気はきっとなおるよ。」

「どうすればなおるんじゃ。」

おじいさんは、ふとんから顔を出しました。

「なおるとも。三年とうげで、もう一度転ぶんだよ。」

「ばかな。わしに、もっと早く死ねと言うのか。」

「そうじゃないんだよ。一度転ぶと、三年生きるんだろ。二度転べば六年、三度転べば九年、四度転べば十二年。このように、何度も転べば、ううんと長生きできるはずだよ。」

おじいさんは、しばらく考えていましたが、うなずきました。

「うん、なるほど、なるほど。」

そして、ふとんからはね起きると、三年とうげに行き、わざとひっくり返り、転びました。

（李錦玉『国語三年下　あおぞら』光村図書）

① あ の意味として、よいものはどれですか。一つえらんで、○をつけましょう。
（　）おじいさんが三年とうげで転んだ日。
（　）おじいさんの病気が重くなっている日。
（　）トルトリがみまいに来た日。

② トルトリは、どんな気持ちでみまいに来ましたか。えらんで、○をつけましょう。
（　）きっと、おじいさんはなおらない。
（　）ぜったいなおってほしい。

③ い とは、どうすることですか。

④ う の「そう」は、どの文をさしていますか。（　と　。　も入れます）

⑤ え とは、どんな考えにうなずいたのですか。

⑥ うなずいたおじいさんは、どうしましたか。それがわかる文に、線を引きましょう。

名前

月　日

次の文章を読んで、後の問いに答えましょう。

全く、豆太ほどおくびょうなやつはない。もう五つにもなったんだから、夜中に、一人でせっちんぐらいに行けたっていい。

ところが、豆太は、せっちんは表にあるし、表には大きなモチモチの木がつっ立っていて、空いっぱいのかみの毛をバサバサとふるって、両手を「わあっ。」とあげるからって、夜中には、じさまについてってもらわないと、一人じゃしょうべんもできないのだ。

じさまは、ぐっすりねむっている真夜中に、豆太が「じさまぁ。」って、どんなに小さい声で言っても、「しょんべんか。」と、すぐ目をさましてくれる。いっしょにねている一まいしかないふとんを、ぬらされちまうよりいいからなあ。

それに、とうげのりょうし小屋に、自分とたった二人でくらしている豆太が、かわいそうで、かわいかったからだろう。

けれど、豆太のおとうだって、くまと組みうちして、頭をぶっさかれて死んだほどのきもすけだったし、じさまだって、六十四の今、まだ青じしを追っかけて、きもをひやすような岩から岩へのびうつりだって、見事にやってのける。

それなのに、どうして豆太だけが、こんなにおくびょうなんだろうか――。

※1　せっちん…べんじょのこと
※2　きもすけ…どきょうのある人のこと
※3　青じし…かもしかのこと

（斎藤　隆介『国語三下　あおぞら』光村図書）

① 語り手は、豆太のことをどう言っていますか。
豆太ほど（　　　　　　　　）。

② ①のように言うのは、なぜですか。
もう（　　　　　　　　）のに、夜中に、（　　　　　　　　）にも行けないから。

③ 豆太には、モチモチの木がどんなふうに見えるのですか。
（　　　　　　　　）
空いっぱいの
（　　　　　　　　）

④ 豆太が「じさまぁ。」って、どんなに小さい声で言っても、じさまは、どうしてくれますか。
（　　　　　　　　）

⑤ じさまは、豆太のことをどう思っていましたか。
（　　　　　　　　）

⑥ 豆太のおとうやじさまは、どんな人ですか。一つえらんで、○をつけましょう。
（　　）おくびょうな人
（　　）こわい人
（　　）どきょうのある人

名前　　　　月　　日

次の文章を読んで、後の問いに答えましょう。

モチモチの木ってのはな、豆太がつけた名前だ。小屋のすぐ前に立っている、でっかいでっかい木だ。

秋になると、茶色いぴかぴか光った実を、いっぱいふり落としてくれる。その実を、じさまが、木うすでついて、石うすでひいてこなにする。こなにしたやつをもちにこね上げて、ふかして食べると、ほっぺたが落っこちるほどうまいんだ。

「やい、木ぃ、モチモチの木ぃ、実ぃ落とせぇ。」

なんて、昼間は木の下に立って、かた足で足ぶみして、いばってさいそくしたりするくせに、夜になると、豆太はもうだめなんだ。木がおこって、両手で、「お化けぇ。」って、上からおどかすんだ。夜のモチモチの木は、そっちを見ただけで、もう、しょんべんなんか出なくなっちまう。

じさまが、しゃがんだひざの中に豆太をかかえて、

「ああ、いい夜だ。星に手がとどきそうだ。おく山じゃぁ、しかやくまめらが、鼻ぢょうちん出して、ねっこけてやがるべ。それ、シイーッ。」

って言ってくれなきゃ、とっても出やしない。

（斎藤 隆介『国語三下 あおぞら』光村図書）

※ねっこけて…ねむりこけて

① モチモチの木は、どんな木ですか。
小屋のすぐ前に立っている、（　　　　）（　　　　）木。

② どうして、モチモチの木とよぶのですか。
茶色い（　　　　）（　　　　）を、（　　　　）が、（　　　　）でついて、（　　　　）で（　　　　）にして、それを（　　　　）にこねあげ、ふかして食べるから。

③ 食べると、どのくらいおいしいのですか。
（　　　　）うまい。

④ 豆太は、昼間はモチモチの木にどんなふうにしますか。
かた足で足ぶみして、（　　　　）する。

⑤ 豆太は、夜のモチモチの木がどうすると思っていますか。
木が（　　　　）、両手で
「（　　　　）。」って、おどろかす。

⑥ 夜になると、豆太がだめになることがわかる部分に、線を引きなさい。

⑦ じさまは、なぜ〜の話をするのですか。一つえらんで、○をつけなさい。
（　　　　）豆太がこわがらないように。
（　　　　）豆太が早くねむれるように。
（　　　　）豆太がしょんぼりしないように。

物語文　モチモチの木③

名前　　　　　　　　月　　　日

○次の文章を読んで、後の問いに答えましょう。

豆太は、真夜中に、ひょっと目をさました。頭の上で、くまのうなり声が聞こえたからだ。

「じさまぁっ。」

むちゅうでじさまにしがみつこうとしたが、じさまはいない。

「ま、豆太、心配すんな。じさまは、ちょっとはらがいてえだけだ。」

まくら元で、くまみたいに体を丸めてうなっていたのは、じさまだった。

「じさまっ。」

こわくて、びっくらして、豆太はじさまにとびついた。けれども、じさまは、ころりとたたみに転げると、歯を食いしばって、ますますすごくうなるだけだ。

「医者様を、よばなくっちゃ。」

豆太は小犬みたいに体を丸めて、表戸を体でふっとばして走りだした。

ねまきのまんま。はだしで。

半道もあるふもとの村まで――。

外はすごい星で、月も出ていた。とうげの下りの坂道は、一面の真っ白い霜で、雪みたいだった。霜が足にかみついた。足からは血が出た。豆太は、なきなき走った。いたくて、寒くて、こわかったからなぁ。

でも、大すきなじさまの死んじまうほうが、もっとこわかったから、なきなきふもとの医者様へ走った。

（斎藤 隆介『国語三下 あおぞら』光村図書）

※半道…やく二キロメートル

① あの正体は何でしたか。（　）に書き入れましょう。

（　　　　　）で、（　　　　　）みたいに体を丸めてうなっていた（　　　　　）。

② じさまがいと言ったのは、なぜですか。

豆太を（　　　　　）させたくなかったから。

③ じさまのはらいたがひどくなっていくことがわかる文に、線を引きましょう。

④ 豆太は、医者様をよぶために、どうしましたか。

（　　　　　）、表戸を（　　　　　）。

⑤ うから、どんなことがわかりますか。一つえらんで、○をつけましょう。

（　）豆太がねぼけていること。

（　）豆太がびっくりしてあわてていること。

（　）豆太がひっしで急いでいること。

⑥ えに見えたのは、何ですか。

⑦ 足から血が出たのは、なぜですか。

霜が（　　　　　）から。

⑧ 豆太がなきなき走った一番の理由は何ですか。

次の文章を読んで、後の問いに答えましょう。

日本は、世界でいちばんこまのしゅるいが多い国だといわれています。では、どんなこまがあるのでしょう。また、どんな楽しみ方ができるのでしょう。

色がわりごまは、回っているときの色を楽しむこまです。こまの表面には、もようがえがかれています。ひねって回すと、もように使われている色がまざり合い、元の色とちがう色にかわるのがとくちょうです。同じこまでも、回すはやさによって、見える色がかわってきます。

鳴りごまは、回っているときの音を楽しむこまです。このこまのどうは大きく、中がくうどうになっていて、どうの横には、細長いあなが空いています。ひもを引っぱって回すと、あなから風が入りこんで、ボーッという音が鳴ります。その音から、うなりごまともよばれています。

さか立ちごまは、とちゅうから回り方がかわり、その動きを楽しむこまです。このこまは、ボールのような丸いどうをしています。指で心ぼうをつまんで、いきおいよく回すと、はじめはふつうに回るのですが、回っていくうちに、だんだんかたむいていきます。そして、さいごは、さかさまにおき上がって回ります。

（安藤　正樹　『国語三上　わかば』光村図書）

① この文章の問いを二つ書きましょう。
　（　　　　　　　　　　）
　（　　　　　　　　　　）

② 色がわりごまは、何を楽しむこまですか。
　（　　　　　　　　　　）

③ 色がわりごまを回すと、どうなりますか。
　（　　　　　　　　　　）

④ 同じこまでも、何で見える色がかわりますか。
　（　　　　　　　　　　）

⑤ 鳴りごまは、何を楽しむこまですか。
　（　　　　　　　　　　）

⑥ 鳴りごまを回すと、どうなりますか。
　（　　　　　　　　　　）

⑦ 鳴りごまが、「うなりごま」とも呼ばれるのは、なぜですか。
　（　　　　　　　　　　）から。

⑧ さか立ちごまは、回すと、どうなりますか。
　はじめは（　　　　　）。
　だんだん（　　　　　）。
　さいごは（　　　　　）。

説明文 自然のかくし絵 ①

名前

月　日

次の文章を読んで、後の問いに答えましょう。

木のみきにとまったはずのセミや、草のしげみに下りたはずのバッタを、ふと見うしなうことがあります。

セミやバッタは、木のみきや草の色と見分けにくい色をしています。まわりの色と見分けにくい体の色は、てきから身をかくすのに役立ちます。身をかくすのに役立つ色のことをほご色といいます。

こん虫は、ほご色によって、どのようにてきから身をかくしているのでしょうか。

たとえば、コノハチョウの羽は、表はあざやかな青とオレンジ色ですが、うらは、かれ葉のような色をしています。それに、羽をとじたときの形も木の葉そっくりです。そのため、木のえだにとまっていると、えだにのこったかれ葉と見分けがつきません。

（矢島稔『新しい国語 三上』東京書籍）

① セミやバッタを見うしなったのは、どこですか。
セミ（　　　）
バッタ（　　　）

② セミやバッタを見うしなうのは、なぜですか。
（　　　）

③ ②は、どんなことに役立ちますか。
（　　　）

④ 「ほご色」とは、どんな色のことですか。
（　　　）色のこと。

⑤ コノハチョウの羽の表は、どんな色をしていますか。
（　　　）と（　　　）

⑥ コノハチョウの羽のうらは、どんな色をしていますか。
（　　　）色

⑦ コノハチョウが羽をとじたときの形は、どんなふうになっていますか。
（　　　）

⑧ コノハチョウが木のえだにとまっていると、何と見分けがつかないのですか。
（　　　）

次の文章を読んで、後の問いに答えましょう。

こん虫をかんさつしてみると、一日のうちのきまった時間だけ活動し、ほかの時間はじっと休んでいます。多くのこん虫は、この長い時間休む場所の色に、にた色をしています。じっとしているかぎり、ほご色は、身をかくすのに役立ちます。

□、こん虫が自分の体の色と同じような色をした所にいたとしても、動いたときなどには、鳥やトカゲに食べられてしまうことがあります。鳥やトカゲなどは、ちょっとした動作を見のがさない、するどい目を持っているからです。

このように、ほご色は、どんな場合でも役立つとはかぎりませんが、てきにかこまれながらこん虫が生きつづけるのに、ずいぶん役立っているのです。

ほご色は、自然のかくし絵だということができるでしょう。

（矢島 稔『新しい国語　三上』東京書籍）

① こん虫をかんさつしてみて、どんなことがわかりましたか。

一日のうちのきまった時間だけ

決まった時間だけ ☐☐☐☐ し、ほかの
時間は ☐☐☐☐ いる。

② 多くのこん虫は、どんな場所の色に、にた色をしていますか。

☐☐☐☐☐☐☐ 場所の色

③ ほご色が役に立つのは、どんなときですか。

（　　　　）。

④ ☐ にあうことばを一つえらんで、○をつけましょう。

（　）だから
（　）ところが
（　）しかも

⑤ ほご色でも、どんなとき、だれに食べられますか。

（　　　　）に食べられてしまうことがある。
（　　　　）などには、

⑥ 持っているとは、何のことですか。

（　　　　）を見のがさない、（　　　　）。

⑦ ほご色とは何ということができますか。

☐☐☐☐☐☐☐

次の文章を読んで、後の問いに答えましょう。

まず、一つめのミラクルは、ヨーグルトへの変身です。動物のミルクを利用しはじめたのは、今のエジプトの近くにすむ人たちです。この地方では、暑いときには日中の気温が五十度近くにもなります。ここにミルクをおきっぱなしにすると、いろいろな菌が空気中からとびこんできて、どんどんふえていきます。この とき、ミルクの中に、にゅうさん菌という菌が入ると、ミルクは□□をはじめます。それまで、水のようにさらっとしていたミルクが、だんだんどろっとしてきます。食べてみると、少しすっぱいあじになります。

これが「ヨーグルト」です。ヨーグルトは、人間がミルクから作り出したさいしょの食べ物だといわれています。多くは、牛のミルクから作りますが、国によってらくだややぎのミルクからも作ります。

（中西　敏夫『みんなと学ぶ　小学校国語　三年上』学校図書）

※ミラクル…ふしぎなこと

① 一つめのミラクルは、何ですか。
（　　　　　　　）

② ⓐこの地方とは、どこですか。
（　　　　　　　）

③ ⓘことは、どこですか。
（　　　　　　　）

④ ⓤこのときとは、いつですか。
（　　　　　　　）が
（　　　　　　　）とびこんでくるとき。

⑤ 次の□にあうことばを書きましょう。
ミルクに、にゅうさん菌が入ると、
ミルクは　　　をはじめる。

⑥ ⑤は、どうなることですか。
ミルクが、
（　　　　　　　）。

⑦ ⑥は、どんなあじですか。
（　　　　　　　）

⑧ ⑥でできたのは、何ですか。
（　　　　　　　）

⑨ ⑧は、どんな食べ物だといわれていますか。
（　　　　　　　）

次の文章を読んで、後の問いに答えましょう。

　げんかんのチャイムが鳴ると、だれかがたずねてきたことが分かります。また、消防車や救急車、パトロールカーなどは、それぞれちがった音のサイレンを鳴らしながら走ります。

　これらは、決まった音を使って、人がたずねてきたことや火事や事故などで急いでいる車が走っていることをわたしたちに知らせてくれます。音には、はなれたところにいる人に、目に見えないことをつたえるというよさがあります。

　交差点にある信号機は、青や黄や赤の色で、それぞれ「すすめ」「注意」「止まれ」という合図を出します。また、運動会のリレーでは、組ごとにはちまきやバトンの色をかえて、おたがいの目じるしにします。学校図書館などでは、童話の本には赤、科学の本には青、などとやくそくを決めて、色のシールをはって目じるしにすることもあります。

　これらは、色で区別することで、意味や、組み分けやなかま分けがあることをわたしたちに知らせてくれます。色を使った合図やしるしには、見てすぐ分かるというよさがあります。

《みんなと学ぶ　小学校国語　三年上》学校図書

① 次の音で、何がわかりますか。

・げんかんのチャイム（　　　）こと。

・消防車や救急車、パトロールカーなどの音のサイレン（　　　）こと。

② 音を使った合図のよさは、何ですか。（　　　）よさ。

③ 信号機の次の色は、それぞれどんな合図を出しますか。

青…（　　　）　黄…（　　　）

赤…（　　　）

④ 運動会のリレーで、組ごとにはちまきやバトンの色をかえるのは、なぜですか。（　　　）ため。

⑤ 色を区別することは、わたしたちに何を知らせてくれますか。（　　　）

⑥ 色を使った合図やしるしのよさは、何ですか。（　　　）よさ。

説明文　めだか ①

名前　　　　　　　　　月　　日

○ 次の文章を読んで、後の問いに答えましょう。

1 めだかは、のんびり楽しそうに泳いでいるようですが、いつも、たくさんのてきにねらわれています。「たがめ」や「げんごろう」、「やご」や「みずかまきり」などの、水の中にいるこん虫や「ざりがに」にもおそわれてきです。大きな魚や「ざりがに」にもおそわれます。

2 では、めだかは、そのようなてきから、どのようにして身を守っているのでしょうか。

3 第一に、めだかは、小川や池の水面近くでくらして、身を守ります。水面近くには、めだかは、やごやみずかまきりなどの、てきがあまりいないからです。

4 第二に、めだかは、すいっ、すいっとすばやく泳いで、身を守ります。近づいてきたてきから、さっとにげることができるからです。

5 第三に、めだかは、小川や池のそこにもぐっていって、水をにごらせ、身を守ります。近づいてきたてきに見つからないようにかくれることができるからです。

6 第四に、めだかは、何十ぴきも集まって泳ぐことによって、身を守ります。てきを見つけためだかが、きけんがせまっていることを仲間に知らせると、みんなはいっせいにちらばり、てきが目うつりしている間に、にげることができるからです。

（杉浦宏『ひろがる言葉　小学国語　三上』教育出版）

① めだかのアとは、何ですか。
　⌣⌣⌣⌣⌣⌣⌣⌣

② めだかが、水面近くでくらしているのは、なぜですか。
　どこ〜　　　　〜にいる〜　　　何　　　〜などの、〜　　　　から

③ めだかが、すばやく泳ぐのは、なぜですか。
　⌣⌣⌣⌣⌣⌣　から

④ めだかが、小川や池のそこにもぐっていって、水をにごらせるのは、なぜですか。
　⌣⌣⌣⌣⌣⌣⌣

⑤ 6について答えましょう。
　⑦ めだかは、どのように泳ぎますか。
　⌣⌣⌣⌣⌣⌣⌣

　④ きけんを知ると、みんながいっせいにちらばるのは、なぜですか。
　⌣⌣⌣⌣⌣⌣⌣

⑥ この文章の問いと答えは、どの段落に書かれていますか。段落の番号を書きましょう。
　問い…□　答え…□ から □ まで

⑦ この文章は、何について書かれていますか。
　めだかの □□□方。

81

説明文 めだか ②

次の文章を読んで、後の問いに答えましょう。

1 めだかの体は、自然のきびしさにもたえられるようになっているのです。

2 夏の間、何日も雨がふらないと、小川や池の水がどんどん少なくなり、「ふな」や「こい」などは、次々に死んでしまいます。 ア 、めだかは、体が小さいので、わずかにのこされた水たまりでもだいじょうぶです。

3 イ 、小さな水たまりでは、水温がどんどん上がりますが、めだかは、四十度近くまでは、水温が上がってもたえられます。

4 ウ 、雨がたくさんふって、きけんがせまることもあります。大雨になると、小川や池の水があふれ、めだかは大きな川におし流されてしまいます。大きな川から海に流されてしまうこともあります。ふつう、まみずでくらす魚は、海水では生きることができませんし、海にすむ魚は、まみずでは死んでしまいます。しかし、めだかの体は、まみずにも海水のまざる川口の近くでもたえられるようにできています。海に流されためだかは、やがて、みちしおに乗って、川にもどることともあります。

（杉浦宏『ひろがる言葉　小学国語　三上』教育出版）

① めだかの体は、どのようになっていますか。
（　　　　　　　）
ようになっている。

② ア 、 イ 、 ウ にあうことばを
[一方　　でも　　だから　　また]
からえらんで書きましょう。

ア
イ
ウ

③ 夏の間、何日も雨がふらないと、小川や川は、どうなりますか。
（　　　　　　　）

④ 3 のときに、めだかがだいじょうぶなのは、なぜですか。
（　　　　　　　）

⑤ めだかは、水温がどのくらいになっても、たえられるのですか。
（　　　　　　　）まで

⑥ 大雨になると、めだかは、小川や池から、どこへ流れますか。
（　　　　　　　）

⑦ 「ふつう」、まみずでくらす魚と、海にすむ魚はどうちがいますか。
まみずでくらす魚（　　　　　　　）
海にすむ魚（　　　　　　　）

⑧ 4 に説明されている、めだかの体についてどこでたえられるとありますか。
（　　　　　　　）

名前　　月　日

次の文章を読んで、後の問いに答えましょう。

では、わたしたちは、何のために食べ物をほしてから食べるのでしょうか。

ほすことの目的の一つめは、そのままでは食べられないものを食べられるようにすることです。ほしがきは、しぶがきをほして作ります。しぶがきは、そのままではしぶくて食べられません。しかし、ほすことで、しぶ味がぬけてあまくなり、食べられるようになるのです。

ほすことの目的の二つめは、食品を長もちさせることです。生の食べ物をそのままおいておくと、カビなどの目に見えない小さな生き物がくっつき、それらがふえて、くさってしまいます。これは食べ物に水分がふくまれているため、カビなどがふえやすいじょうたいになっているからです。そこで、ほすことによって水分を少なくし、くさりにくく、長もちするようにしているのです。

今ではほとんどの家に冷ぞう庫や冷とう庫がありますが、少し前の日本には、それらがありませんでした。一度にたくさんの魚がとれる場合や、野菜のとれる時期がかぎられている場合はどうなるでしょう。食べきれない分はくさってしまい、むだになってしまいます。そこで、食べ物をそまつにせず、少しでも長い間食べるために、ほすことがひつようだったのです。

（森枝 卓士『みんなと学ぶ 小学校国語 三年上』学校図書）

① ほすことの目的の一つめは、何ですか。
（　　　）

② ①のれいにあげられているものは、何ですか。
（　　　）

③ ②が食べられるようになるのは、なぜですか。
（　　　）

④ ほすことの目的の二つめは、何ですか。
（　　　）

⑤ 生の食べものをそのままおいておくと、どうなりますか。
小さな生き物がくっつき、ふえて、
（　　　）

⑥ ⑤のようになるのは、なぜですか。
（　　　）

⑦ ほすことによって、どうしているのですか。
（　　　）し、（　　　）している。

⑧ それらとは、何ですか。
（　　　）

⑨ ⑧がないと、魚や野菜はどうなりますか。
（　　　）

⑩ ほすことがひつようだったのは、なぜですか。
（　　　）、少しでも（　　　）ため。

次の文章を読んで、後の問いに答えましょう。

日本にあるほしたものの中で、とくに世界にじまんのできる長もちして味のよいものがあります。かつおぶしです。かつおぶしを作るには、まず、かつおの身だけを取り出し、それをにた後にいぶします。そして、ほすことと人間が食べることのできるカビをつけることをくり返し、できあがります。カビの力を使うことで、ほしただけでは取り切れないくらいの水分がぬけ、かつおぶしは木のようにかたくなり、くさりにくくなります。

かつおぶしのすばらしさは、くさりにくいだけではありません。うすくけずったかつおぶしを、もとのかつおと食べくらべてみてください。うまみがぎゅっとつまった、とくべつな味がするでしょう。かつおぶしは、おいしいだしを作るためには、かかせないものであることから、日本の和食をささえているとも言えます。

わたしたちの身近にある、ほしたもの。それは自然のめぐみと昔の人のくふうのけっしょうです。肉や魚、野菜などのそざい。太陽の光と風。そして人の手とちえ。食べ物を大切にし、長もちさせるためのくふうだったほすことに、そざいをおいしくするためのくふうがくわわって、わたしたちは、一年を通しておいしいものが食べられるのです。

（森枝卓士『みんなと学ぶ　小学校国語　三年上』学校図書）

① かつおぶしは、どんなものですか。
（　　　　　　）もの。

② カビの力とは、何ですか。
（　　　　　　）

③ で、かつおぶしは、どのようになりますか。
②（　　　　　　）

④ うすくけずったかつおぶしの味は、どんな味ですか。
（　　　　　　）

⑤ かつおぶしが、和食をささえているとも言えるのは、なぜですか。
（　　　　　　）

⑥ 自然のめぐみとは、何ですか。
（　　　　　　）のそざい

⑦ 昔の人のくふうのけっしょうとは、どういうことですか。
（　　　　　　）ほすことに、（　　　　　　）くわわっていること。

説明文 すがたをかえる大豆 ①

名前　　　　　　　　月　　日

次の文章を読んで、後の問いに答えましょう。

かたい大豆は、そのままでは食べにくく、消化もよくありません。そのため、昔からいろいろ手をくわえて、おいしく食べるくふうをしてきました。

いちばん分かりやすいのは、大豆をそのままいったり、にたりして、やわらかく、おいしくするくふうです。いると、豆まきに使う豆になります。水につけてやわらかくしてからにると、に豆になります。正月のおせちりょうりに使われる黒豆も、に豆の一つです。に豆には、黒、茶、白など、いろいろな色の大豆が使われます。

次に、こなにひいて食べるくふうがあります。もちやだんごにかけるきなこは、大豆をいって、こなにひいたものです。

また、大豆にふくまれる大切なえいようだけを取り出して、ちがう食品にするくふうもあります。大豆を一ばん水にひたし、なめらかになるまですりつぶします。これに水をくわえて、かきまぜながら熱します。その後、ぬのを使って中身をしぼり出します。しぼり出したしるににがりというものをくわえると、かたまって、とうふになります。

（国分牧衛『国語三下　あおぞら』光村図書）

---

① かたい大豆は、どんな食べ物ですか。
（　　　）く、
（　　　）

② ①のため、昔からどんなことをしてきましたか。
（　　　）

③ いちばん分かりやすいのは、どうすることですか。
（　　　）

④ 大豆をいると、何になりますか。
（　　　）

⑤ に豆は、どのようにして作りますか。
大豆を（　　　）

⑥ 大豆をこなにしたものは何ですか。
（　　　）

⑦ 大豆にふくまれる大切なえいようだけを取り出して、ちがう食品にしたものに、何がありますか。
（　　　）

⑧ ⑦を作るときには、しぼり出したしるに何をくわえると、かたまりますか。
（　　　）

名前　　　　　　月　　日

次の文章を読んで、後の問いに答えましょう。

　目に見えない小さな生物の力をかりて、ちがう食品にするくふうもあります。ナットウキンの力をかりて、なっとうです。むした大豆にナットウキンをくわえ、あたたかい場所に一日近くおいて作ります。コウジカビの力をかりたものが、みそやしょうゆです。コウジカビの力をかりてみそを作るには、まず、むした米か麦にコウジカビをまぜたものを用意します。それと、しおを、につぶした大豆にくわえてまぜ合わせます。ふたをして、風通しのよい暗い所に半年から一年の間おいておくと、大豆はみそになります。しょうゆも、よくにた作り方をします。

　これらの他に、とり入れる時期や育て方をくふうした食べ方もあります。ダイズを、まだわかくてやわらかいうちにとり入れ、さやごとゆでて食べるのが、えだ豆です。また、ダイズのたねを、日光に当てずに水だけをやって育てると、もやしができます。

　このように、大豆はいろいろなすがたで食べられています。他の作物にくらべて、こんなに多くの食べ方がくふうされてきたのは、大豆が味もよく、畑の肉といわれるくらいたくさんのえいようをふくんでいるからです。そのうえ、やせた土地にも強く、育てやすいことから、多くのちいきで植えられたためでもあります。大豆のよいところに気づき、食事に取り入れてきた昔の人々のちえにおどろかされます。

（国分牧衛『国語三下 あおぞら』光村図書）

① 大豆をちがう食品にするために、何の力をかりますか。

　（　　　　　　）の力

② 次のものを作るときにかりる①の名前を書きましょう。
　なっとう…（　　　　　）
　みそやしょうゆ…（　　　　　）

③ なっとうには、どんな大豆を使いますか。
　（　　　　　　　　）

④ みそのざいりょうをまぜ合わせた後、どこに、どのくらいおいておくと、みそになりますか。
　どこに（　　　　　　）
　どのくらい（　　　　　）

⑤ とり入れる時期をくふうした食べ方は、何ですか。
　（　　　　　　）

⑥ 育て方をくふうした食べ方は、何ですか。
　（　　　　　　）

⑦ ⑥はどうしてつくりますか。
　（ダイズの　　　　　　）
　を（　　　　　　）育てる。

⑧ 大豆に、くふうされた多くの食べ方があるのは、なぜですか。
　大豆は味もよく、たくさんの（　　　　　　）をふくんでいるし、やせた（　　　　　　）から、多くの（　　　　　　）ため。

⑨ 筆者がおどろいていることは、何ですか。

　□□□□

名前

月　日

● 次の文章を読んで、後の問いに答えましょう。

　アメリカに、ウィルソンという学者がいます。この人は、次のような実験をして、ありの様子をかんさつしました。

　はじめに、ありの巣から少しはなれた所に、ひとつまみのさとうをおきました。

　しばらくすると一ぴきのありが、そのさとうを見つけました。これは、えさをさがすために、外に出ていたはたらきありです。ありは、ア　巣に帰っていきました。

　イ　、巣の中から、たくさんのはたらきありが、次々と出てきました。そして、列を作って、さとうの所まで行きました。ふしぎなことに、その行列は、はじめのありが巣に帰るときに通った道すじから、外れていないのです。

（大滝 哲也『国語三下 あおぞら』光村図書）

① この人とは、だれですか。
（　　　　　　）

② 実験で何をかんさつしましたか。
（　　　　　　　あり）

③ これは、何をさしますか。
（　　　　　　　あり）

④ はたらきありとは、どんなありですか。
（　　　　　　　）

⑤ ア　と　イ　に入ることばを　　からえらんで、書きましょう。

ア　[　　　]
イ　[　　　]

すると　しかし　やがて

⑥ ふしぎなこととは、どんなことですか。
（　　　　　　　）

⑦ ありの様子をかんさつした順に、番号を書きましょう。
（　）巣の中から、たくさんのはたらきありが出てきた。
（　）一ぴきのはたらきありが、さとうを見つけた。
（1）ありは、列を作って、さとうの所まで行った。
（　）一ぴきのはたらきありは、巣に帰っていった。

○ 次の文章を読んで、後の問いに答えましょう。

1 ウィルソンは、はたらきありの体の仕組みを、細かに研究してみました。すると、ありは、おしりのところから、とくべつのえきを出すことが分かりました。

ア それは、においのある、じょうはつしやすいえきです。

2 この研究から、ウィルソンは、ありの行列のできるわけを知ることができました。

3 はたらきありは、えさを見つけると、道しるべとして、地面にこのえきをつけながら帰るのです。他のはたらきありたちは、そのにおいをかいで、においにそって歩いていきます。そして、そのはたらきありたちも、えさを持って帰るときに、同じように、えさを地面につけながら歩くのです。□、えさが多いほど、においが強くなります。

4 このように、においをたどって、えさの所へ行ったり、巣に帰ったりするので、ありの行列ができるというわけです。

（大滝 哲也 『国語三下 あおぞら』光村図書）

① ウィルソンは何を研究しましたか。
（　　　　　　　　　）

② どんなことが分かりましたか。
ありは、（　　　　）から、
（　　　　　　　）
ことが分かった。

③ ア それは、どんなえきですか。
（　　　　　　）えき

④ イ この研究から、ウィルソンは何を知ることができましたか。
（　　　　　　　）

⑤ はたらきありが、地面にえきをつけながら帰るのは、なぜですか。
（　　　　　　）とするため

⑥ □ にあうことばをえらんで、○をつけましょう。
（　）そのため
（　）しかし
（　）ところで

⑦ ウ このように には、1 から 3 のどのまとまりをさしていますか。
□ のまとまり

⑧ なぜ、ありの行列ができるのですか。

					に
				から
			、	
		巣	、	
	。			

説明文 人をつつむ形

◯ 次の文章を読んで、後の問いに答えましょう。

大草原の白い家——モンゴル

見わたすかぎりの草原に点々と白いものがあります。近づくと、それは何かをつつんだような形をしているのが分かります。羊や馬を放牧してくらす人々の家、ゲルです。

ゲルは、移動できる組み立て式の家で、水を手に入れやすく、羊や馬が食べる草が生える所にたてられます。家のほね組みは木でできていて、そのほね組みをフェルトでおおうと、すぐに家を組み立てることができます。

フェルトは羊の毛でできているため、きびしい冬の寒さをしのぐことができます。

屋根がさかさま——セネガル

エルバリン村は、大きな川が海に注ぐ所の近くにあります。人々は、田で米を作ったり、川で魚や貝をとったりして生活しています。

この村の中心にある家の屋根は、じょうごのような形をしています。井戸をほってもしおからい水しか出ないため、屋根で雨水を家の中に取りこんで、飲み水として利用するのです。

この家の屋根は、米をしゅうかくした後にできるわらで作られ、近くにたくさん生えているマングローブのみきでささえられています。

（小松 義夫『新しい国語 三下』東京書籍）

① 草原に点々とある白いものは、どんな形をしていますか。
（　　　　　）形

② ①は、何ですか。
（　　　　　）

③ ②の名前は、何ですか。
（　　　　　）

④ ③は、どんなところにたてられますか。
（　　　　　）、
（　　　　　）所。

⑤ ③は、どうやって作りますか。
（　　　　　）でできたほね組みを
（　　　　　）でおおう。

⑥ エルバリン村の中心にある家の屋根は、どんな形をしていますか。
（　　　　　）形

⑦ なぜ、そんな形の屋根なのですか。
（　　　　　）ため。

⑧ エルバリン村は、井戸をほっても、しおからい水しか出ないのは、なぜですか。
（　　　　　）

⑨ 屋根は、何で作られていますか。
（　　　　　）

⑩ 屋根をささえているのは、何ですか。
（　　　　　）

名前

月　日

① 次の文の（ ）にあてはまる漢数字やことばを書きましょう。

① 俳句は、ふつう（ ）・（ ）・（ ）の（ ）音からできています。

② 俳句には、きせつを表すことば――（ ）を入れて作るという決まりがあります。

② 次の俳句を読んで、問いに答えましょう。

① 雪とけて村いっぱいの子どもかな　　小林一茶

② ひっぱれる糸まっすぐや甲虫　　高野素十

③ 赤とんぼ筑波に雲もなかりけり　　正岡子規

④ スケートのひもむすぶ間もはやりつつ　　山口誓子

⑤ 山路来て何やらゆかしすみれ草　　松尾芭蕉

⑥ さみだれや大河を前に家二軒　　与謝蕪村

(1) 次の俳句の季語ときせつを書きましょう。（⑥をれいにして）

①	④
②	⑤
③	⑥ さみだれ　夏

(2) 次の文はどの俳句について書かれたものでしょうか。□に番号を書きましょう。

ア あまり人の通らない山道でふと見つけたすみれの花。なんとも言えずかわいらしい。□

イ 雪がとけて、たくさんの子どもたちが待ちかねたように、いっせいに村中で遊び回っている。□

ウ 赤とんぼが飛んでいる空は、まっ青にすみきっている。遠くに筑波山が見える。□

エ スケートぐつのひもをむすんでいる間も心がいそぐ。早くすべりたい。□

オ 雨がふりつづいて、川の水かさがふえた。はげしく流れる大きな川の岸に、不安そうな二けんの家がある。□

カ 糸でくくりつけられたカブトムシがにげようとして、糸がぴんとはっている。□

ことわざ

名前　　　　　月　　　日

① 次のことわざの意味と同じ意味のことわざを、[____]からえらんで書きましょう。

① さるも木から落ちる

② 馬の耳にねんぶつ

③ 石橋をたたいてわたる

④ あぶはち取らず

[
ねこに小ばん　　二とを追う者は一とをもえず　　ぶたに真じゅ

ねんにはねんを入れる　　かっぱの川流れ　　弘法にも筆のあやまり
]

② 次のことわざの意味にあうものを[____]からえらんで、記号を書きましょう。

① ちりもつもれば山となる 〔　〕

② 百聞は一見にしかず 〔　〕

③ さばを読む 〔　〕

④ 三人よれば文じゅの知え 〔　〕

⑤ 千里の道も一歩から 〔　〕

⑥ 泣き面にはち 〔　〕

⑦ 七転び八起き 〔　〕

[
⑦ どんなに大きな計画や事業でも、地道な一つ一つの作業から始まるということ。

⑥ 自分の都合のいいように、数をごまかして数えること。

⑦ 何度失敗しても、くじけずにがんばること。

⑦ 何度も人の話を聞くよりも、自分の目で一度見るほうがずっとたしかであること。

⑦ とても小さなものでも、つもりつもれば、山のように大きなものになること。

⑦ どんな問題でも、三人集まって考えれば、よい考えがわいてくるものだということ。

⑦ つらいことや苦しいことがあるのに、さらに悪いことが起こること。
]

① 次のローマ字の読み方をひらがなで書きましょう。

① ari
(　　　　　)

② sakana
(　　　　　)

③ nanohana
(　　　　　)

④ kumo
(　　　　　)

⑤ takenoko
(　　　　　)

⑥ husigi
(　　　　　)

⑦ megane
(　　　　　)

⑧ yasai
(　　　　　)

⑨ renkon
(　　　　　)

⑩ wasabi
(　　　　　)

⑪ genki
(　　　　　)

⑫ banana
(　　　　　)

② 次のローマ字の読み方を、ひらがなで書きましょう。

① kôtei
(　　　　　)

② hôsenka
(　　　　　)

③ yôkan
(　　　　　)

④ tôdai
(　　　　　)

⑤ sansû
(　　　　　)

⑥ bôken
(　　　　　)

「＾」は、のばす音を表す「a、i、u、e、o」の上に書きます。

③ 次のことばをローマ字で書きましょう。

① えほん

② くすり

③ せかい

④ とんぼ

⑤ ぬりえ

⑥ はなび

⑦ パンダ

⑧ みどり

⑨ ゆきぐに

⑩ わかめ

⑪ りんご

⑫ だいこん

④ 次のことばをローマ字で書きましょう。

① ひこうき

② ふうせん

③ ゆうれい

④ おかあさん

⑤ おねえさん

⑥ そうじ

のばす言葉に気をつけて

ローマ字①

名前

月

日

① 次のローマ字の読み方をひらがなで書きましょう。

① kingyo （　　　　　　）　② tosyositu （　　　　　　）　③ tyawan （　　　　　　）

④ syûzi （　　　　　　）　⑤ kyûkyûsya （　　　　　　）　⑥ gyûnyû （　　　　　　）

⑦ kitte （　　　　　　）　⑧ nekko （　　　　　　）　⑨ sippo （　　　　　　）

⑩ takkyû （　　　　　　）　⑪ gakki （　　　　　　）　⑫ bikkuri （　　　　　　）

② 次のローマ字の読み方をひらがなで書きましょう。

① kin' iro （　　　　　　）　② sen' en （　　　　　　）　③ ten' in （　　　　　　）

④ hon' ya （　　　　　　）　⑤ sin' yû （　　　　　　）　⑥ kin' yôbi （　　　　　　）

「 ' 」は、はねる音「ん（n）」の後に
a・i・u・e・o や y が来るときつけます。

③ 次のことばをローマ字で書きましょう。

① でんしゃ
② おもちゃ
③ りょかん

④ きゅうり
⑤ しょうねん
⑥ ちゅうしゃ

⑦ かっぱ
⑧ きっぷ
⑨ にっき

⑩ がっこう
⑪ バッタ
⑫ しゃっくり

④ 次のことばをローマ字で書きましょう。

① きんえん
② ふんいき
③ まんいん

④ じゅんい
⑤ こんや
⑥ パンや

'を使って書こう

ローマ字②

名前

月

日

ローマ字で地名や人名を書くときは、はじめの１文字を大文字で書きます。

① れいのように、地名・名前をローマ字で書きましょう。

〈れい〉　なら　Nara

① ほっかいどう

② とうきょう

③ ひろしま

④ おきなわ

⑤ びわこ

⑥ しなのがわ

② れいのように、人名をローマ字で書きましょう。

〈れい〉　さか本りょうま　Sakamoto-Ryôma

① 夏目そう石（せき）

② ひ口一葉（ぐちいちよう）

ローマ字には、今まで書いてきた書き方（訓令式（くんれいしき））と少しちがう書き方（ヘボン式）があります。

	訓令式	ヘボン式		訓令式	ヘボン式		訓令式	ヘボン式
し	si	shi	ち	ti	chi	じ（ぢ）	zi	ji
しゃ	sya	sha	ちゃ	tya	cha	じゃ（ぢゃ）	zya	ja
しゅ	syu	shu	ちゅ	tyu	chu	じゅ（ぢゅ）	zyu	ju
しょ	syo	sho	ちょ	tyo	cho	じょ（ぢょ）	zyo	jo
つ	tu	tsu	ふ	hu	fu	を	o	o (wo)

③ 表（ひょう）を見て、読み方をひらがなで書きましょう。

① shashin （　　　　）
② shôbôsha （　　　　）
③ tsuki （　　　　）

④ michi （　　　　）
⑤ ryokucha （　　　　）
⑥ jagaimo （　　　　）

⑦ Kotoshi no natsu wa atsui.
（　　　　　　　　　　　　　）

⑧ Ojisan ni omocha o moraimashita.
（　　　　　　　　　　　　　）

⑨ Chûrippu ni chôcho ga chikazuita.
（　　　　　　　　　　　　　）

名前

月

日

国語 3年生
習熟プリント

答え

 答え方のワンポイントアドバイスつき❗

かなづかい②

名前

かなづかいの正しいほうに、○をつけましょう。

① （○おおかみ ／ おうかみ ）が、赤ずきんの女の子をねらっている。
② （○はなぢ ／ はなじ ）が、ぼたぼたと（○じめん ／ ぢめん ）に落ちた。
③ 公園に（○ちかづく ／ ちかずく ）と、（○おおきな ／ おうきな ）木が見えた。
④ （○こおり ／ こうり ）の上に、（○おおくの ／ おうくの ）ペンギンがいた。
⑤ （○おねえさん ／ おねいさん ）は、（○とおい ／ とうい ）町の大学に行く。
⑥ （○きのう ／ きのお ）、つくえの上を（○かたづけた ／ かたずけた ）。
⑦ （○いもうと ／ いもおと ）の（○ようふく ／ よおふく ）をぬう。
⑧ 母は、（○みかづき ／ みかずき ）を見ながら、家に（○かえる ／ かえろ ）。
⑨ 空気がぬけて、風船が（○ちぢんだ ／ ちじんだ ）。
⑩ 駅前（○どおり ／ どうり ）の（○えいがかん ／ ええがかん ）へ行く。

よく見て書こう！

月　日

かたかな

名前

① □のことばを、次の①～④に分けて、かたかなで書きましょう。
① 外国の国や土地の名前
（ ブラジル ）（ フランス ）
② 外国の人の名前
（ エジソン ）（ ファーブル ）
③ 外国からきたことば
（ チョコレート ）（ ヘリコプター ）
④ もの音や動物の鳴き声
（ ピヨピヨ ）（ ガタガタ ）

えじそん　ぶらじる
ぴよぴよ　ちょこれえと
がたがた　ふらんす
ふぁあぶる　へりこぷたあ

② ひらがなのことばを、かたかなに直して書きましょう。
① トラック が スピード を落とした。
② ジュース と ソフトクリーム を買う。
③ スカート に アイロン をかける。

③ 次の文から、かたかなで書くことばを四つさがして、かたかなで書きましょう。

日曜日は、雨がざあざあふっていたので、わたしは、妹とらんぷをしてあそびました。おやつに、ほっとけえきを作って食べました。少しこげましたが、おいしかったです。夕方、雨がやんだので、外に出て、ばどみんとんをしました。

（ ザーザー ）
（ トランプ ）
（ ホットケーキ ）
（ バドミントン ）

月　日

音やようすを表すことば①

名前

① 次の文で、使い方が正しいほうに○をつけましょう。
① へびが（○にょろにょろ ／ ぴょんぴょん ）動く。
② 赤ちゃんが（○ぐっすり ／ ぐんぐん ）ねむっている。
③ たいこの音が力強く（○ドーンドーン ／ トントン ）鳴る。
④ 夜が明けて、すずめが（○チュンチュン ／ バタバタ ）鳴きだした。

② □のことばの中から、使い方のあうものをえらんで（ ）に書きましょう。
① ⑦ むねに（ ぐっと ）くる。
　④ 写真をとる間（ じっと ）している。
　（ じっと・ぐっと ）
② ⑦ ビー玉が（ ころころ ）転がる。
　④ 岩が（ ゴロゴロ ）と動く。
　⑦ かみなりが（ ゴロゴロ ）鳴る。
　（ ごろん・ころころ・ゴロゴロ ）
③ ⑦ 太陽が（ ぎらぎら ）てりつける。
　④ 星が（ きらきら ）かがやく。
　（ きらきら・ぎらぎら ）
④ ⑦ 本を（ ぱらぱら ）めくる。
　④ 木の葉が（ はらはら ）落ちる。
　（ ぱらぱら・はらはら ）
⑤ ⑦ あせが（ ぽたぽた ）流れ落ちる。
　④ なみだが ひとつぶ（ ぽろり ）とこぼれる。
　⑦ 雨が（ ぽつぽつ ）ふりだした。
　（ ぼろり・ぽつぽつ・ぽたぽた ）

声に出すと分かりやすいよ

月　日

かなづかい①

名前

① □の中に、「わ」か「は」を書きましょう。
①「こんにち [は]」と、あいさつをする。
② いもうとは、にわとりの せ[わ] をしている。
③ ぼく [は]、しゅくだいを [わ]すれた。
④ このどうぶつ [は]、こ[わ]かった。
⑤ わたしは、おおば [を] ひろった。

② □の中に、「お」か「を」を書きましょう。
① わたしは、おとうとが か[お] [を]あらう。
② [お]には、そと。ふくは、うち。

③ □の中に、「え」か「へ」を書きましょう。
① 友だちと いっしょに か[え]る。
② 駅 [へ] おじさんをむかえに行く。
③ えんそくで、どうぶつえん [へ] 行った。

「を」は、ことばとことばをつなぐときに使います。
「へ」も、ことばとことばをつなぐときに使います。

こんにち

月　日

［P.8］ 音やようすを表すことば②　名前

① （　）にあうことばを、[ ]から一つえらんで書きましょう。

① カラスが（　バサバサ　）とび立つ。
② せんべいを（　バリバリ　）食べる。
③ 海に（　ザブン　）ととびこむ。
④ 雨が（　ザーザー　）ふる。
⑤ 柱時計が（　ボーン　）と鳴る。
⑥ ねこが（　ゴロゴロ　）のどを鳴らす。
⑦ ドアが（　バタン　）としまる。
⑧ （　ガラガラ　）うがいをする。
⑨ 風が「ビュービュー」ふく。
⑩ 水たまりに（　バシャバシャ　）入る。

[ザーザー　ビュービュー　ガラガラ　バタン　ボーン
バシャバシャ　バリバリ　バサバサ　ザブン　ゴロゴロ]

② 次のようすにあうことばを、[ ]からえらんで一つ書きましょう。

① 手ざわりがなめらかでないようす。（　ざらざら　）
② 手ざわりがなめらかで、ねばりけがあって すべりやすいようす。（　ぬるぬる　）
③ 手ざわりがなめらかで、ねばりけがなく、さっぱりしたようす。（　さらさら　）

[ぬるぬる　めらめら　ざらざら　ひらひら　さらさら]

③ 次の文で、かたかなで書くのはどちらですか。（　）に○をつけましょう。

① （　）マンションがどんどんふえる。
② （　）かみなりがごろごろ鳴る。
　（　）休みの日は、家でごろごろしている。

［P.9］ いろいろな意味に使うことば①　名前

① 後の問いに答えましょう。
(1) 同じ意味で使われている文を、線でむすびましょう。
① つなを引く。　— へらす。少なくする。
② まっすぐな線を引く。　— 長くのばす。
③ 十から三を引く。　— 自分の方へひきよせる。

(2) 同じ意味で使われている文を、線でむすびましょう。
① ひもがとける。　— 気持ちがやわらぐ。
② 算数の問題がとける。　— むすんであるものがほどける。
③ 気分がとける。　— 答えが出る。

② （　）には、同じことばが入ります。答えを[ ]に書きましょう。

① [重い]
・鉄は、重い。
・病気が重い。
・せきにんが重い。
・気が重い。

② [つける]
・気をつける。
・日記をつける。
・車に気をつける。
・パンにバターをつける。

③ [かかる]
・きつねが、わなにかかる。
・宿題のことが、気にかかる。
・お医者さんにかかる。
・月に雲がかかる。

④ [立つ]
・役に立つ。
・けむりが立つ。
・うわさが立つ。
・いすから立つ。
・朝市が立つ。
・駅まで歩いて、三十分立つ。

ガンバレ、ガンバレ♪

［P.10］ いろいろな意味に使うことば②　名前

① それぞれ[ ]の文と同じ意味に使われている文に、○をつけましょう。

① あの人は、野鳥のことに明るい。
（　）春の日ざしが明るい。
（　）カーテンを開けると明るい。
（　）父はこの町について明るい。
（　）妹は明るいせいかくだ。

② ねこの手もかりたいほど、いそがしい。
（　）ほしかった車を手に入れた。
（　）引っこしの手が足りない。
（　）勉強が手につかない。
（　）手のこんだりょう理を作る。

② 次のことばは、どんな意味に使われていますか。[ ]からえらんで、記号を書きましょう。

① 当たる
（イ）ボールが当たる。
（ウ）そうじ当番に当たる。
（ア）予想が当たる。

[ア 思ったとおりになること。
イ 物がぶつかること。
ウ 役わりがまわってくること。]

② かける
（ウ）もう一ふろかける。
（ア）かべに時計をかける。
（イ）いつも気にかける。

[ア ぶらさげること。
イ 心配すること。
ウ 上からかぶせること。]

③ （　）には、同じことばが入ります。答えを[ ]に書きましょう。

① [切る]
・紙を小さく（　）。
・野さいの水をよく（　）。
・電話を急に（　）。

② [合う]
・この服はぴったり（　）。
・山田君と、意見が（　）。
・答えが、全部（　）。

［P.11］ 反対の意味を表すことば　名前

① 反対の意味のことばを、漢字と送りがなで書きましょう。

① （ 長い ）—（ 短い ）
② （ 暑い ）—（ 寒い ）
③ （ 売る ）—（ 買う ）
④ （ 軽い ）—（ 重い ）
⑤ （ あさい ）—（ 深い ）
⑥ （ 明るい ）—（ 暗い ）
⑦ （ 行く ）—（ 来る ）
⑧ （ 強い ）—（ 弱い ）
⑨ （ 太い ）—（ 細い ）
⑩ （ 新しい ）—（ 古い ）

② 反対の意味のことばを、漢字で書きましょう。（①～⑤は送りがなも書きましょう。）

① （ 遠い ）—（ 近い ）
② （ 多い ）—（ 少ない ）
③ （ 安い ）—（ 高い ）
④ （ 勝つ ）—（ 負ける ）
⑤ （ 開ける ）—（ しめる ）
⑥ （ 階上 ）—（ 階下 ）
⑦ （ 転出 ）—（ 転入 ）
⑧ （ たて ）—（ 横 ）
⑨ （ てき ）—（ 味方 ）
⑩ （ 北半球 ）—（ 南半球 ）

［P.12］同じ音になることば①

名前

次の──のことばにあう漢字を（ ）に書きましょう。

① 父は七時にかえる。（帰 る）
　ひっくりかえる。（返 る）
② ひがもえる。（火）
　ひがさす。（日）
③ 池に金魚をはなす。（放 す）
　友だちとはなす。（話 す）
④ かわが流れる。（川）
　豆のかわをむく。（皮）
⑤ 新しい服をきる。（着 る）
　はさみで紙をきる。（切 る）
⑥ うめの花がさく。（花）
　はな水が出る。（鼻）
⑦ 朝顔のはがふえる。（葉）
　毎朝はをみがく。（歯）
⑧ 山をのぼる。（登 る）
　川を船でのぼる。（上 る）
⑨ 夜があける。（明ける）
　まどをあける。（開ける）
⑩ ねるのがはやい。（早 い）
　足がはやい。（速 い）
⑪ この服は、体にぴったりあう。（合 う）
　公園で友だちにあう。（会 う）
⑫ かみを小さくおる。（紙）
　かみさまにお願いする。（神）
　川かみに向かう。（上）

［P.13］同じ音になることば②

名前

① 次の──のことばにあう漢字を書きましょう。
① かじを消す（火事）
　かじを手つだう（家事）
② じんこうがへる（人口）
　じんこうえい星（人工）
③ きょうか書（教科）
　きょうか合宿（強化）
④ 新聞きしゃ（記者）
　きしゃの旅（汽車）
⑤ はっせい練習（発声）
　台風のはっせい（発生）
⑥ 学級いいん（委員）
　歯科いいん（医院）
⑦ しょうかにあたる（消化）
　食べ物のしょうか（消火）
⑧ 音楽会のかいじょう（会場）
　かいじょうのヨット（海上）

② □にあう漢字を書きましょう。
① 安［全］　暗［記］
④ 感［想］　漢［字］
⑦ 勝［負］　文［章］
② 太［陽］　和［服］幸［福］
⑤ 様［子］
⑧ 一［週］間　習［字］　集［合］
③ 教［室］　勉［強］
⑥ 研［究］　急［病］
⑨ 顔［面］　岩［石］　海［岸］

［P.14］ことばのなかま分け①

名前

① 次のことばを、ア～ウの形に分けます。
ア 物の名前やことがらを表すことば
イ 動きを表すことば
ウ ようすや気持ちを表すことば
ア～ウからえらんで、記号を書きましょう。

① あやとり［ア］
② 悲しい［ウ］
③ 歩く［イ］
④ 読む［イ］
⑤ 集まる［イ］
⑥ 乗り物［ア］
⑦ 星［ア］
⑧ 寒い［ウ］
⑨ しずかだ［ウ］

② 次の文から、動きを表すことばをえらんで（ ）に書きましょう。
① 大きな声で校歌を歌う。（歌う）
② 弟は、毎日、早くねる。（ねる）
③ 池にすむやごは、とんぼのよう虫だ。（すむ）
④ カーテンを開けると、まぶしい。（開ける）

③ 次の文から、ようすや気持ちを表すことばをえらんで（ ）に書きましょう。
先生が大きい声で、おもしろい昔話をゆっくり読んだので、教室はにぎやかになった。
（大きい）（おもしろい）（ゆっくり）（にぎやかに）順不同

［P.15］ことばのなかま分け②

名前

① 次のことばから、ちがうなかまのことばを一つえらんで、○でかこみみましょう。
① かまきり　ふくろう　麦
　遊ぶ　トラック　コスモス
② 見る　作る　長い
　泳ぐ　読む　食べる
③ 悪い　高い
　楽しい　短い　明るい
④ 北海道　海　りんご
　かばん　えいが　少し
⑤ 船　買う　走る
　植える　行く　とぶ
⑥ はっきり　じっくり　たっぷり
　しっかり　まぶしい　ゆっくり

② 「が」「は」「を」に気をつけて、文にあうことばを書きましょう。
① 開く／開ける
　ア お父さんが、雨戸を（開ける）。
　イ 雨戸が（開く）。
② 上がる／上げる
　ア 子どもたちが、たこを（上げる）。
　イ たこが（上がる）。
③ 育つ／育てる
　ア わたしは、ひまわりの花を（育てる）。
　イ ひまわりの花が（育つ）。
④ 起きる／起こす
　ア お母さんが、朝早くぼくを（起こす）。
　イ ぼくは、朝早く（起きる）。

[P.16] 組み合わせたことば①

名前

① 次のことばを、れいのように一つのことばにして書きましょう。

〈れい〉走る＋ぬく→（走りぬく）
〈れい〉口＋ふえ→（口ぶえ）

① 見る＋わすれる→（見わすれろ）
② つむ＋重ねる→（つみ重ねる）
③ 歩く＋始める→（歩き始める）
④ 読む＋まちがう→（読みまちがう）
⑤ 言う＋直す→（言い直す）
⑥ 書く＋終わる→（書き終わる）
⑦ 麦＋はたけ→（麦ばたけ）
⑧ かた＋くるま→（かたくるま）
⑨ あめ＋かさ→（あまがさ）
⑩ さむい＋空→（さむ空）
⑪ ほそい＋道→（ほそ道）
⑫ ながい＋くつ→（ながぐつ）

② 次のことばを、れいのように二つのことばに分けましょう。

〈れい〉作り話→（作る＋話）
〈れい〉雨ふり→（雨＋ふる）

① やきめし→（やく＋めし）
② わらい顔→（わらう＋顔）
③ 消しゴム→（消す＋ゴム）
④ いねかり→（いね＋かる）
⑤ 山登り→（山＋登る）
⑥ 雪どけ→（雪＋とける）

③ 次のことばを、れいのように二つのことばに分けましょう。

〈れい〉おる＋紙→おり紙

① 流れる＋星→流れ星
② くだる＋さか→くだりざか
③ まわる＋道→まわり道

[P.18] 主語・述語①

名前

① 次の文は、□のどの文の形と同じですか。えらんで記号を書きましょう。

ア 何（だれ）が（は）どうする。
イ 何（だれ）が（は）どんなだ。
ウ 何（だれ）が（は）何だ。
エ 何（だれ）が（は）ある（いる）。

① 犬が ほえる。
② 雪が ふる。
③ ありは 小さい。
④ 姉は やさしい。
⑤ 赤ちゃんが なく。
⑥ 母は 会社員だ。
⑦ 公園に はとが いる。
⑧ 弟は かわいい。
⑨ ぼくは 九才だ。
⑩ 理科室に ひょう本が ある。

ア　イ　ウ　エ
エ　イ　ウ　イ　ア

② 次の文から、主語にあたることばを書きましょう。

① 朝から 頭が いたい。→（頭が）
② バラの 花は きれいだ。→（花は）
③ テーブルの 上に 花びんが ある。→（花びんが）
④ ねこが ニャーニャー 鳴く。→（ねこが）
⑤ 海は 広い。→（海は）

③ 次の文から、述語にあたることばを書きましょう。

① ぼくは 毎朝 七時に 起きる。→（起きる）
② ふじ山は 日本一 高い 山だ。→（山だ）
③ 父は バスの 運転手だ。→（運転手だ）
④ 社会の テストは むずかしい。→（むずかしい）
⑤ 草むらに こおろぎが いる。→（いる）

述語は、文の中で「どうする」「どんなだ」「何だ」「いる」にあたることばだよ。

主語は、文の中で「だれが」「だれは」「何が」「何は」にあたることばだよ。

[P.17] 組み合わせたことば②

名前

① 次の――のことばを、れいのように組み合わせたことばにして書きましょう。

〈れい〉坂道をかけておりる。→（かけおりる）

① めざまし時計の音で、とんで起きろ。→とび起きろ
② 紙をおってたたむ。→おりたたむ
③ 赤ちゃんが、ないてさけぶ。→なきさけぶ
④ 小犬が、庭を走って回る。→走り回る
⑤ 大切なことを聞くのをわすれる。→聞きわすれる
⑥ さくらなみ木を通ってぬける。→通りぬける

② 次の――のことばを、れいのように二つのことばに分けましょう。

〈れい〉赤ちゃんをだきかかえる。→（だく＋かかえる）

① よごれをあらい落とす。→あらう＋落とす
② 作文を書きあげる。→書く＋あげる
③ 階だんをかけのぼる。→かける＋のぼる
④ 地面をふみしめる。→ふむ＋しめる

③ □にあうことばを書きましょう。

① 心＋つよい→心づよい
② はだ＋さむい→はだざむい
③ 息＋くるしい→息ぐるしい

[P.19] 主語・述語②

名前

① 次の文で主語がある文には○を、ない文には△をつけましょう。

①（△）道でばったり先生に会った。
②（○）庭に、赤いばらがたくさんさいている。
③（△）とつぜん空がくもってきた。
④（○）きゅう食をのこさずに食べよう。
⑤（△）父のしゅみは、日曜大工だ。
⑥（○）早く起きないと、ちこくする。
⑦（○）コアラは、オーストラリアにすむ動物だ。
⑧（△）とても長い、きりんの首は。

② 次の文の主語を上の□に、述語を下の□に書きましょう。

〈れい〉ぼくの家族は、みんなで五人だ。　家族は｜五人だ

主語｜述語
① 兄は、サッカーチームのキャプテンだ。　兄は｜キャプテンだ
② 白い馬が、草原をかける。　馬が｜かける
③ 母は、毎朝、みそしるを作る。　母は｜作る
④ 山本さんが、かぜで学校を休んだ。　山本さんが｜休んだ
⑤ 図書館には、本がたくさんある。　本が｜ある
⑥ 先生の声は、とても大きい。　声は｜大きい

修飾語①　[P.20]

① 次の──のことばが表していることを　からえらんで記号を書きましょう。

① わたしは、きのう、友だちと公園で遊んだ。
(ア)(ウ)(イ)
② 弟は、池で大きな魚をつった。
(イ)(エ)(ウ)
③ かわいい赤ちゃんが、すやすやねむっている。
(オ)(カ)
④ 白い雲が、ゆっくりと流れていく。
(オ)(カ)
⑤ お母さんは、夕方、スーパーマーケットで買い物をする。
(ア)(イ)(エ)

ア　いつ
イ　どこで
ウ　何を
エ　だれと
オ　どんな
カ　どのように

② 次の──のことばをくわしくしていることば（修飾語）に線を引きましょう。

① たくさんの　はと　がとび立った。
② きれいな　服　を着る。
③ 川に、長い　橋　がかかっている。
④ 重い　荷物　を運ぶ。
⑤ 苦い　薬　を飲む。
⑥ 夕やけの　空　が美しい。

③ 次の□のことばをくわしくしていることばを書きましょう。

① 小さなめだかが、すいすい泳ぐ。
② 黒い大きな犬が、とつぜんぼえた。
③ 真夏の太陽が、ぎらぎらとてりつける。
④ おく歯が、しくしくいたむ。
⑤ どこまでも青い空がつづく。
⑥ 急に、雨がふりだした。

(すいすい)
(とつぜん)
(ぎらぎらと)
(しくしく)
(どこまでも)
(急に)

修飾語は、あることばをくわしくすることばのことだよ。

修飾語②　[P.21]

① （　）にあうことばを、　からえらんで書きましょう。

① ぼくは、（ハムスター）に、（　）えさを　やった。
② 赤い　ばらの花が、（　）さいている。
③ （　）くまの　ぬいぐるみが、いすの上においてある。
④ 正子さんは、（　）（お父さんと）水族館へ　行った。
⑤ おじいちゃんは、（　）（広場で）ゲートボールを　する。

何に／何を／どんな（の）／どこに／どのように／いつ／だれと／どこで／何を

② 次の──のことばをくわしくしていることばを記号で書きましょう。

〈れい〉かえるが、ぴょんと　はねる。(イ)
ア　イ

① さくらの花びらが、ひらひらと　ちる。
(ウ)　ア と イ
② きのうから、ずっと頭が　いたい。
(ア と イ)
③ 弟が、とつぜん大声で　なきだした。
(イ と ウ)
④ 丸い月が、ぽっかり出る。
(ア と イ)
⑤ 葉っぱの　しずくが、きらきら光る。
(ア と イ)
⑥ 黄色い　小さな　花が、ひとつさいた。
(ア と イ)
⑦ 白いたんぽぽの　わた毛が、たくさんとぶ。
(ア と イ)

文と文をつなぐことば①　[P.22]

① □にあうことばを　からえらんで書きましょう。

① ぼくは、かぜをひいてしまった。□、学校を休んだ。
② 駅まで、バスで行きますか。□、自転車で行きますか。
③ わたしは、バスに乗りおくれた。□、駅まで歩いて行った。
④ ぼくは、本を買いに行った。□、店はしまっていた。
⑤ ぼくは、ケーキを食べた。□、アイスクリームも食べた。
⑥ 夏休みは、海に行きますか。□、山に行きますか。
⑦ 頭がいたい。□、ねつもある。
⑧ ぼくは、テストのために勉強をした。□、点数はよくなかった。

それとも　だから　それに　しかし

② 次の「つなぎことば」の使い方を　からえらんで、記号で書きましょう。

① 風が強くなった。□、雨もふりはじめた。(エ)
② 寒くなってきた。□、ストーブを出した。(イ)
③ 野球をしようか。□、サッカーをしようか。(ア)
④ わたしは、毎日リコーダーの練習をしている。□、なかなかうまくならない。(ウ)

ア　前のことがらと、後のことがらの、どちらをえらぶときに使う。
イ　前のことがらがもとになって、後のことがらが後にくるときに使う。
ウ　前のことがらと反対のことがらが後にくるときに使う。
エ　前のことがらに後のことがらをつけくわえたり、ならべたりするときに使う。

□に入ることばは、文と文をつなぐことばというよ。

文と文をつなぐことば②　[P.23]

① 次のつなぎことばで正しい使い方をえらんで、○をつけましょう。

① コーヒーを飲みますか。(○それとも／それでも)こう茶を飲みますか。
② わたしは、息苦しくなってきた。(○それでも／それとも)、休まずに走った。
③ 日曜日は雨だった。(○それとも／けれども)、ハイキングは中止になった。
④ 兄は毎日よく食べる。(○しかし／それに)、やせている。
⑤ ぼくは、図書館に行った。(○そして／それとも)、本を三さつ借りた。

② 次の□に入ることばを　からえらんで、（　）に記号を書きましょう。

① 空はくもっていた。□、今にも雨がふりそうだった。(ア)
② けさは、□流れ星を見ることはできなかった。(ア)
③ 雨が急にふってきた。□、すぐにやんでしまった。(ア)
④ ぼくは、いっしょうけんめい走った。□、前の人を追いぬくことはできなかった。(イ)
⑤ あしたは遠足なので、いつもより早くふとんに入った。□、なかなかねむけない。(イ)
⑥ 朝から雨がふっていた。□、バーベキューは中止になった。(ア)

ア　だからのなかま　それで
イ　しかしのなかま　けれども　ところが

文と文をつなぐことば③

名前

① 次の□にあうことばを　からえらんで、書きましょう。

① 家に帰って、宿題をすませた。[それから] 友だちと外で遊んだ。
② 姉は、ピアノを習っている。[そのうえ] 、ダンスも習っている。
③ あの店のメロンパンは、おいしくて有名だ。[だから] 、すぐに売り切れる。
④ ぼくは、息つぎの練習を何回もした。[けれども] 、二十五メートルは泳げなかった。
⑤ 和食がすきですか。[それとも] 、洋食がすきですか。

［それとも　だから　そのうえ　けれども　それから］

② 次の二つの文を一つの文にします。□に入ることばを　からえらんで、書きましょう。

① 雨がふった。[それで] 、遠足は、えん期になった。
　雨がふった[ので] 、遠足は、えん期になった。
② 公園へ行った。[しかし] 、だれも来ていなかった。
　公園へ行った[が] 、だれも来ていなかった。
③ ドアの前に立った。[すると] 、ドアが自動的に開いた。
　ドアの前に立つ[と] 、ドアが自動的に開いた。
④ 日が照っている。[だけど] 、雨がふってきた。
　日が照っている[のに] 、雨がふってきた。

［が　と　のに　ので］

月　日

こそあどことば①

名前

① 次のことばは、どんなときに使われますか。あうものを線でむすびましょう。

これ　それ　あれ　どれ この　その　あの　どの	→	ア 場所をさししめすときに使う。
ここ　そこ　あそこ　どこ	→	イ 方向をさししめすときに使う。
こちら　そちら　あちら　どちら （こっち）（そっち）（あっち）（どっち）	→	ウ 物をさししめすときに使う。
こんな　そんな　あんな　どんな こう　そう　ああ　どう	→	エ 様子をさししめすときに使う。

② （ ）にあうことばを　からえらんで、書きましょう。

① むこうに白いたて物が見えるだろう。（あれ ）が病院だ。
② 二月三日は、せつ分だ。（その ）日には、豆まきをする。
③ わたしのつくえの横に消しゴムが落ちている。（これ ）は、だれのものだろう。
④ おかずがいろいろある。（どれ ）から先に食べようか。
⑤ この問題は、（どの ）ようにしてとくのだろう。
⑥ わたしは、近くの公園に行った。（そこ ）には、きれいな花がさいていた。
⑦ テレビでせんでんしていた（あの ）えい画が見たい。

［これ　あれ　どれ　その　どの
　　それ　あの　そこ］

月　日

こそあどことば②

名前

① 次のことばは、どのように使いますか。あうものを線でむすびましょう。

① これ・ここ　　　　話し手・聞き手（相手）のどちらからも遠い場合
② それ・そこ　　　　話し手に近い場合
③ あれ・あそこ　　　さししめすものがはっきり決まらない場合
④ どれ・どこ　　　　聞き手（相手）に近い場合

② 次の──のことばがさすことばを（ ）に書きましょう。

① 鳥が鳴いている。あれは、うぐいすだ。
　（ 鳥 ）
② 家族でキャンプ場に行った。そこは、湖のそばだった。
　（ キャンプ場 ）
③ れんげの花で、かんむりを作った。これを妹にあげよう。
　（ かんむり ）
④ むこうのおかが見えるね。あそこまで、走ろう。
　（ おか ）
⑤ あなたのそばに、ほうきがあるでしょう。それをわたしに、かしてください。
　（ ほうき ）
⑥ 父は、仕事で中国に行った。父は、そこから、絵はがきを送ってくれた。
　（ 中国 ）

月　日

ふつうの言い方・ていねいな言い方①

名前

① ていねいな言い方の文には○を、ふつうの言い方の文には△をつけましょう。

①（△ ）いっしょに、やってみよう。
②（○ ）はじめて、さか上がりができました。
③（△ ）ろうかを走ってはいけない。
④（△ ）夕方、かみなりが鳴り出した。
⑤（△ ）くじらは、ほにゅう類の動物だ。
⑥（○ ）ぼくは、カレーライスがすきです。

② 次の──のところを、ていねいな言い方に直しましょう。

① ぼくは、きのう公園に行った。（ 行きました ）
② 姉は、五年生だ。（ 五年生です ）
③ わたしは、まだ泳げない。（ 泳げません ）
④ この本は、おもしろいと思う。（ 思います ）

③ 次の──のところを、ふつうの言い方に書き直しましょう。

① 雨あがりの空に、にじが出ています。（ 出ている ）
② けさ、パンとサラダを食べました。（ 食べた ）
③ わたしは、とび箱がとべたので、うれしくてたまりませんでした。（ うれしくてたまらなかった ）

「テーブルにりんごがある。」を、ていねいな言い方をすると「テーブルにりんごがあります。」となります。

月　日

ふつうの言い方・ていねいな言い方②

（名前）

① 次の──のところを、ふつうの言い方に書き直しましょう。

> 二年生のげきが終わると、いよいよ三年生の
> ダンスが始まります。待っていると、心ぞうが
> ドキドキしてきます。
> ぼくは、ときどきまちがうところがあるので、
> じしんがありません。でも、いっしょうけんめい
> おどろうと決心しました。音楽が鳴りだしました。

① （　　　）始まる
② （　　　）どきどきしてくる
③ （　　　）ない
④ （　　　）決心した
⑤ （　　　）鳴りだした

② 次の──のところを、ていねいな言い方に書き直しましょう。

① 本の題名が思い出せない。
② ふた葉の間に、本葉が見える。
③ プールの中に、とびこんだ。
④ とても楽しい一日だった。

① （　　　）思い出せません
② （　　　）見えます
③ （　　　）とびこみました
④ （　　　）一日でした

③ 次のような場合の、ふさわしい言い方を□からえらんで、記号を書きましょう。

① 相手が年上のとき
② 相手が同じ年れいや年下のとき
③ 相手が親しいとき
④ 相手があまり親しくないとき

①（イ）
②（ア）
③（ア）
④（イ）

> ア　ふつうの言い方　イ　ていねいな言い方

聞いたことをつたえる言い方

（名前）

① 次の文が表す言い方を□からえらんで、記号を書きましょう。

①（ア）田中君は、サッカーチームに入りそうだ。
②（イ）田中君は、サッカーチームに入るそうだ。
③（イ）あのえい画は、とてもおもしろいそうだ。
④（ア）あのえい画は、とてもおもしろそうだ。
⑤（イ）すず木さんの家に、赤ちゃんが生まれたそうだ。
⑥（イ）今日は、気温が三十度をこえるそうだ。
⑦（ア）雨がふりそうだ。
⑧（イ）父は、子どものころ、わんぱくだったそうだ。

> ア　ようすをおし
> 　　はかる言い方
> イ　聞いたことを
> 　　つたえる言い方

② 次の文の終わりを「──そうだ」にして、聞いたことをつたえる言い方に直しましょう。

① 十年前、このあたりは田畑だった。
（十年前、このあたりは田畑だったそうだ。）
② むこうの林に、かぶと虫がいる。
（むこうの林に、かぶと虫がいるそうだ。）
③ ぼくは、一才のとき、入院した。
（ぼくは、一才のとき、入院したそうだ。）
④ あのお店のりょう理は、おいしい。
（あのお店のりょう理は、おいしいそうだ。）
⑤ もうすぐ、あそこにマンションができる。
（もうすぐ、あそこにマンションができるそうだ。）

ようすをおしはかる言い方

（名前）

① 次の文が表す言い方を□からえらんで、記号を書きましょう。

①（イ）このみかんは、おいしそうだ。
②（ア）このみかんは、おいしい。
③（イ）あしたは、算数のテストがあるようだ。
④（ア）もう少し歩くと、テレビ局がある。
⑤（イ）あの人が、川上君のお兄さんらしい。
⑥（イ）父は、もうすぐ帰って来るだろう。
⑦（イ）寒くて、かぜをひきそうだ。
⑧（ア）雪がふりつづいて、こまっている。

> ア　はっきりわかっている
> 　　ことを表す言い方
> イ　ようすをおしはかる
> 　　言い方

> ようすをおしはかる言い方は、心の中でこうかな？と考える言い方だよ。

② 次の文を、〈　〉のことばを使って、ようすをおしはかる言い方に直しましょう。

① 春には、花がさく。〈──だろう〉
（春には、花がさくだろう。）
② むこうの林に、かぶと虫がいる。〈──そうだ〉
（むこうの林に、かぶと虫がいるそうだ。）
③ このおもちゃは、こわれている。〈──ようだ〉
（このおもちゃは、こわれているようだ。）
④ 午後から、雨になる。〈──らしい〉
（午後から、雨になるらしい。）
⑤ こんどこそ、うまくいく。〈──そうだ〉
（こんどこそ、うまくいきそうだ。）

たとえていう言い方

（名前）

① 次の文で、たとえる言い方をしているほうに○をつけましょう。

①（○）ここは、外国の町みたいだ。
　（　）外国でくらしてみたいな。
②（○）赤ちゃんのほおは、りんごのようだ。
　（　）昼からは、雨になるようだ。
③（○）この犬は、ぬいぐるみみたいだ。
　（　）中川君は、るすみたいだ。
④（○）きみの手は、氷のようにつめたい。
　（　）わすれ物をしないようにしよう。

② 次の（　）にあうことばを、□からえらんで書きましょう。

① マラソンをしたあと、（たきのように）あせが流れ落ちた。
② つくえの上には、（山のように）本がつまれている。
③ きょうは、（春のように）あたたかい一日だった。
④ 指先に、（はりをさしたような）いたみがはしった。
⑤ （絵のように）美しいけしきが広がる。
⑥ 葉の上にのった水のしずくが（玉のように）光る。
⑦ ひがん花がたくさんさいて、赤い（じゅうたんのように）見える。

> 山のように　　絵のように
> はりをさしたような　じゅうたんのように
> 春のように　　たきのように
> 　　　玉のように

いろいろな言い方

名前 ___ ／ 月 日

① 次の──のことばを、れいのように「終わったことを表す言い方」に書き直しましょう。

〈れい〉 天気が急にかわる。（かわった）

① 友だちと学校のプールで泳ぐ。（泳いだ）
② 学校のまわりのけしきを絵にかく。（かいた）
③ ぼくは、二階に荷物を運ぶ。（運んだ）
④ わたしは、駅のかいさつ口で父を待つ。（待った）
⑤ 学級会で、運動会について話し合う。（話し合った）

② 次の文が表す言い方を、▢からえらんで、記号を書きましょう。

ア わかっていることを表す文
イ 終わったことを表す文
ウ さそいかける文
エ たずねる文
オ 命れいする文
カ 打ち消しの文

① みんなで歌いましょう。　ア
② これは、ホウセンカのたれです。　オ
③ 何日も雨がふりつづいた。　イ
④ いっしょに行こう。　エ
⑤ この花は、なんという花ですか。　カ
⑥ 宿題をしなさい。　ウ
⑦ まだ花がさかない。
⑧ ぼくは、もう走れません。　エ
⑨ 早く起きろ。　イ
⑩ わたしは、スキーに行きました。　カ
⑪ 駅まで歩いて十分だ。　オ
⑫ この池にザリガニはいますか。　ウ ア

慣用句

名前 ___ ／ 月 日

① 次のことばの意味にあうものを、▢からえらんで、記号を書きましょう。

① はらが立つ （カ）
② きもをつぶす （エ）
③ 目を丸くする （ク）
④ 鼻が高い （オ）
⑤ むねをうつ （イ）
⑥ 耳がいたい （ウ）
⑦ かたを落とす （キ）
⑧ 手をかす （ア）

ア 手つだう。
イ 強く心にひびく。感動する。
ウ 自分の弱点を言われて、聞くのがつらい。
エ おどろいたようす。
オ とくいになるようす。
カ がまんできなくておこる。
キ がっかりして元気がなくなるようす。
ク ひじょうにびっくりする。

② （ ）にあう慣用句を、▢からえらんで書きましょう。

① その話は、（耳にたこができる）ほど聞いたよ。
② 遠足で（足がぼうになる）ほど歩いた。
③ はずかしくて（顔から火が出る）ような思いをした。
④ ぼくと古田君の家は、（目と鼻の先）だ。
⑤ この問題はむずかしすぎて（手も足も出ない）。
⑥ 毎日練習すると、習字の（うでが上がる）。

▢ 顔から火が出る／耳にたこができる／目と鼻の先／手も足も出ない／うでが上がる／足がぼうになる

ならべていう言い方

名前 ___ ／ 月 日

① 次の文で正しい言い方になるほうを○でかこみましょう。

① わたしも妹（も）アイスクリームがすきだ。
② 花だんには、赤（も・や）黄色のチューリップがさいている。
③ にんじん（と・や）じゃがいもを切った。
④ 教室のゆかを、はいたり（ふいた・ふいたり）した。

② （ ）にあうことばを、▢からえらんで書きましょう。

① わたしは、音楽も体育（ ）すぎだ。
② このドアは、おしても引い（ ）開かない。
③ ろうか（ ）階だんを走らないようにしよう。
④ 海で、魚をつっ（ ）泳いだりした。

▢ ても／のか／もや／たり

③ 次の──のところをかえて、正しい文になるよう書き直しましょう。

① 雨の日は、本を読んだり、絵をかく。
（雨の日は、本を読んだり、絵をかいたりする。）
② 日曜日は、おつかいや手つだいをした。
（日曜日は、おつかいや手つだいをした。）

丸・点・かぎの使い方

名前 ___ ／ 月 日

① 次の文を、会話には「 」を、文の終わりには丸（。）をつけて書きましょう。

ぼくが、元気よく、おはようと言うと、母が返事をしたいい天気でよかったね

（ぼくが、元気よく、「おはよう」と言うと、母が返事をした。「いい天気でよかったね」）

② 次の文に、（ ）の中の数だけ点（、）を打って、文を読みやすくしましょう。

① にわにはにわにわとりがいる。（１）
② すももももももももものなかま。（２）
③ ぼらそこにも花がある。（１）
④ あっちこっちさがしてやっとその家を見つけた。（１）
⑤ 友だちの家に行って何度も名前をよんだが返事がなかった。（２）

③ 次の文に、点（、）を一つ打って、アイの意味を表せるように書きましょう。

① とてもかわいいねこの子。
ア かわいいのは、この子。
（とてもかわいい、ねこの子。）
イ かわいいのは、ねこの子。
（とてもかわいいねこの、子。）
② わたしは自転車で先に行った姉さんを追いかけた。
ア 自転車で行ったのは、姉さん。
（わたしは、自転車で先に行った姉さんを追いかけた。）
イ 自転車で行ったのは、わたし。
（わたしは自転車で、先に行った姉さんを追いかけた。）

送りがな①　名前

① 次の漢字に送りがなをつけましょう。

① あたる ↓ 当たる	② しるす ↓ 記す
③ うつくしい ↓ 美しい	④ ととのえる ↓ 整える
⑤ おちる ↓ 落ちる	⑥ まじわる ↓ 交わる
⑦ かんがえる ↓ 考える	⑧ みじかい ↓ 短い
⑨ きめる ↓ 決める	⑩ みのる ↓ 実る
⑪ こたえる ↓ 答える	⑫ もちいる ↓ 用いる

② 次の漢字の正しいほうに、○をつけましょう。

① （　）食る　（　）食べる
② （　）入ろ　（　）入る
③ （　）化る　（　）化ける
④ （　）回る　（　）回わる
⑤ （　）始る　（　）始まる
⑥ （　）写す　（　）写つす
⑦ （　）表す　（　）表らわす
⑧ （　）幸せ　（　）幸わせ
⑨ （　）負る　（　）負ける

③ 次の文で、送りがなのまちがっているところを見つけて、正しく書き直しましょう。

① ボールを追いかけて転ろぶ。 ↓ 転ぶ
② 道具の正しい使い方を教しえる。 ↓ 教える
③ 水の流れる音が聞える。 ↓ 聞こえる
④ 朝早く起る。 ↓ 起きる

送りがな②　名前

① ——の部分を、漢字と送りがなで書きましょう。（同じ漢字を使います。）

① 月がでる。（出る）　　人がすくない。（少ない）
② 手紙をだす。（出す）　すこし休もう。（少し）
③ 服をきろ。（着る）　　電車がとおる。（通る）
④ 駅につく。（着く）　　学校へかよう。（通う）
⑤ 店をひらく。（開く）　肉をくう。（食う）
⑥ まどをあける。（開ける）　野さいをたべる。（食べる）
⑦ 体温がさがる。（下がる）　空があかるい。（明るい）
　坂道をくだる。（下る）　　夜があける。（明ける）
　手をおろす。（下ろす）　　あかりがともる。（明かり）

② 次の漢字の送りがなを書きましょう。

① くるしい……苦（しい）　　にがい……苦（い）
② のぼる……上（る）　　　　あがる……上（がる）
③ ほそい……細（い）　　　　こまかい……細（かい）
④ おもい……重（い）　　　　かさねる……重（ねる）
⑤ きえる……消（える）　　　けす……消（す）
⑥ さいわい……幸（い）　　　しあわせ……幸（せ）
⑦ まける……負（ける）　　　おう……負（う）
⑧ いきる……生（きる）　うまれる……生（まれる）　はえる……生（える）

送りがな③　名前

① 「遊ぶ」ということばを、それぞれの文に合う形にかえて書きましょう。（形のかわらないものもあります。）

① ちゅう車場では、（遊ば）ないでください。
② 日曜日は、公園の遊具で（遊び）たい。
③ 暑い日に、外で（遊ぶ）。
④ みんなで（遊べ）ば、きっと楽しいよ。
⑤ キックベースをして（遊ぼ）う。
⑥ 友だちの弟や妹といっしょに（遊ん）だことがある。
⑦ 晴れた日は、外に出て（遊べ）。〔めいれいの言い方〕

② 「読む」ということばを、それぞれの文に合う形にかえて書きましょう。（形のかわらないものもあります。）

① 弟は、まん画は見るが、本は（読ま）ない。
② わたしは、夏休みに、本をたくさん（読み）ます。
③ 図書館で本を（読む）ときは、しずかにしよう。
④ さい後のページを（読め）ば、なぞはすべてとける。
⑤ 休み時間に、物語のつづきを（読も）う。
⑥ この本は、もう（読ん）だ。
⑦ ゲームばかりしないで、たまには本を（読め）。〔めいれいの言い方〕

うごきをあらわすことばは、いろいろな形にかわるよ。「話す」なら、「話さない」「話します」「話せば」「話そう」というようにかわるよ。

送りがな④　名前

① □にあう送りがなを書きましょう。

① 書く
　書か ない
　書き ます
　書く とき
　書け ば
　書こ う
　書い た

② 飲む
　飲ま ない
　飲み ます
　飲む とき
　飲め ば
　飲も う
　飲ん だ

③ 泳ぐ
　泳が ない
　泳ぎ ます
　泳ぐ とき
　泳げ ば
　泳ご う
　泳い だ

② 次の文にあうように、送りがなをかえて書きましょう。

① 休む　少し（休め）ば、つかれがとれるよ。
② 引く　力いっぱいつなを（引こ）う。
③ 走る　毎朝、父と私は、池のまわりを（走り）ます。
④ 立つ　すもうでは、すず木君に歯が（立た）ない。
⑤ 運ぶ　運ぶオルガンは重いから、二人で（運ぼ）う。
⑥ 持つ　荷物は、ぼくが（持ち）ます。
⑦ 帰る　暗くなってきたから、弟と（帰ら）ないとね。
⑧ 聞く　木村君から、楽しい話を（聞い）た。

文をよく読んでね

［P.40］ 形のかわることば

① 次のことばを、それぞれの文に合う形にかえて書きましょう。

〈れい〉青い…海は、（青く）て大きかった。

① 暑い…去年の夏は、とても（暑かっ）た。
② 有名だ…（有名な）お寺に行って、写真をとった。
③ ていねいだ…絵の具を（ていねいに）ぬっていこう。
④ おいしい…このケーキは、（おいしく）て、ほっぺたが落ちそうだ。
⑤ ほがらかだ…お母さんは、（ほがらかで）楽しい。
⑥ しずかだ…会場は、水を打ったように（しずかだっ）た。

② 「寒い」ということばを、それぞれの文に合う形に□からえらんで、書きましょう。

① この大雪では、外はさぞ（寒い）だろう。
② きのうも、一日中（寒かっ）た。
③ そんなに（寒く）て、こごえそうだ。
④ （寒いなら）ば、ストーブのそばにおいてよ。

```
寒く
寒いなら
寒かっ
```

③ 「きれいだ」ということばを、それぞれの文に合う形に□からえらんで、書きましょう。

① 山の上の空気は、きっと（きれいだろ）う。
② この公園は、（きれいで）落ち着く。
③ ごちそうを（きれいに）平らげる。
④ （きれいな）花びらを見つけた。
⑤ もう少し字が（きれいなら）ば、読みやすいのに。

```
きれいだろ
きれいで
きれいに
きれいな
きれいなら
```

［P.41］ 漢字の組み立て①

① 次の部分をもつ漢字は、どんなことと関係がありますか。また、部首の名前を□からえらんで（　）に記号を書きましょう。

① イ 体・使・係 （エ）
② 土 地・坂・場 （ウ）
③ ⺮ 算・答・箱 （ア）
④ 言 話・読・談 （オ）
⑤ 心 意・思・感 （イ）

ア 「竹」に関係がある漢字
イ 「心」に関係がある漢字
ウ 「土」に関係がある漢字
エ 「人」に関係がある漢字
オ 「ことば」に関係がある漢字

② 次の部分をもつ漢字を□に書きましょう。また、部首の名前を□からえらんで（　）に書きましょう。

① 木 植物の根　黒板の横 （きへん）
② シ 深い湖　港町流れ （さんずい）
③ ⺾ 落ち葉　薬草お茶 （くさかんむり）
④ ⻌ 運動遊歩道通る （しんにょう）
⑤ 口 庭園国語回転 （くにがまえ）

```
しんにょう　さんずい　くにがまえ
きへん　くさかんむり
```

［P.42］ 漢字の組み立て②

① 次の部分をもつ漢字は、どんなことと関係がありますか。あうものを線でむすびましょう。

① 草・花・苦（くさかんむり）　　「手」に関係がある漢字
② 持・投・打（てへん）　　「水」に関係がある漢字
③ 林・橋・柱（きへん）　　「道を行く」に関係がある漢字
④ 近・遠・進（しんにょう）　　「くさ」に関係がある漢字
⑤ 海・池・波（さんずい）　　「木」に関係がある漢字

② 上の漢字を、同じ部首をもつグループに分け、□に書きましょう。また、部首の名前を□からえらんで（　）に書きましょう。

① 禾　秋　科　秒 （のぎへん）
② 攵　数　放　教 （ぼくづくり）
③ 宀　客　家　宮 （うかんむり）
④ イ　後　役　待 （ぎょうにんべん）
⑤ 糸　終　線　紙 （いとへん）

```
終客後　家秋数　科線役
待放紙　教秒宮
```

```
ぎょうにんべん　ぼくづくり　いとへん
のぎへん　うかんむり
```

［P.43］ 漢字の読み方①

① 次の漢字の読みがなを書きましょう。

① 親友（しんゆう）　親しい（した しい）
② 温度（おんど）　温かい（あたた かい）
③ 教育（きょういく）　育つ（そだ つ）
④ 晴天（せいてん）　晴れる（は れる）
⑤ 交通（こうつう）　交わる（まじ わる）
⑥ 転校（てんこう）　転がる（ころ がる）
⑦ 助手（じょしゅ）　助ける（たす ける）
⑧ 作者（さくしゃ）　人気者（にんきもの）
⑨ 旅行（りょこう）　旅人（たびびと）
⑩ 薬品（やくひん）　目薬（めぐすり）

② 次の漢字の――の部分の読みがなを書きましょう。

① ア 人生（じん）　イ 人間（にん）　ウ 人波（ひと）
② ア 小学校（しょう）　イ 小声（こ）　ウ 小川（お）　エ 小さい犬（ちい）
③ ア 動物（ぶつ）　イ 荷物（もつ）　ウ 品物（もの）
④ ア 金魚（ぎょ）　イ 魚市場（うお）　ウ 魚つり（さかな）
⑤ ア 大木（ぼく）　イ 木馬（もく）　ウ 庭木（き）　エ 木かげ（こ）
⑥ ア 表面（ひょう）　イ 紙の表（おもて）　ウ 書き表す（あらわ）

［P.44］ 漢字の読み方 ②

名前

① 次の漢字の読みがなを書きましょう。
① 速球（そっきゅう）　速い（はや　い）
② 返事（へんじ）　返す（かえ　す）
③ 問題（もんだい）　問う（と　う）
④ 消火（しょうか）　消す（け　す）
⑤ 終点（しゅうてん）　終わる（お　わる）
⑥ 安全（あんぜん）　安い（やす　い）
⑦ 植物（しょくぶつ）　植える（う　える）
⑧ 放送（ほうそう）　放す（はな　す）
⑨ 緑茶（りょくちゃ）　緑色（みどり　いろ）
⑩ 整理（せいり）　整える（ととの　える）

② 次の漢字の——の部分の読みがなを書きましょう。
① 音楽室（おんがくしつ）から楽しい（たの）音（おと）が聞こえる。
② 美人（びじん）が美しい（うつく）着物（きもの）を着る（き）。
③ 多数決（たすうけつ）で決める（き）。
④ 相談（そうだん）相手（あいて）。
⑤ きかいの調子（ちょうし）を調べる（しら）。
⑥ 遊園地（ゆうえんち）で遊ぶ（あそ）。
⑦ 水泳（すいえい）の時間に平泳ぎ（およ）をした。
⑧ 高校生の兄は せが高い（こうこうせい）（たか）。
⑨ 炭さん飲料水（いんりょうすい）を飲む。
⑩ 運動場（うんどうじょう）にとび箱（はこ）を運ぶ。

［P.45］ 形がにている漢字

名前

□にあう漢字を書きましょう。
① 地下水・貯水池
② 元気・夜汽車
③ 家族・旅行
④ 鼻血・大皿
⑤ 氷水・泳ぐ
⑥ 医者・区役所
⑦ 親友・新聞
⑧ 配る・お酒
⑨ 想定・相談
⑩ 第一・弟
⑪ 転ぶ・軽い
⑫ 返事・坂道
⑬ 鉄・銀行
⑭ 役員・投手
⑮ 発明・山登り
⑯ 調理・来週
⑰ 茶の湯・場面
⑱ 童話・物語・読書
⑲ 黄緑・線路
⑳ 雪国・電話・雨雲
㉑ 詩集・持つ
㉒ 時間・問題・開会式
㉓ 鳴る・鳥・島
㉔ 門柱・住所・注意

［P.46］ 国語辞典の使い方 ①

名前

① 五十音表を書きましょう。

わ	ら	や	ま	は	な	た	さ	か	あ
／	り	／	み	ひ	に	ち	し	き	い
を	る	ゆ	む	ふ	ぬ	つ	す	く	う
／	れ	／	め	へ	ね	て	せ	け	え
ん	ろ	よ	も	ほ	の	と	そ	こ	お

② 国語辞典に出ている順に、番号をつけましょう。（1から8まで）
（1）あひる
（2）かもめ
（3）さぎ
（4）たか
（5）はと
（6）まなづる
（7）らいちょう
（8）わし

③ 国語辞典に出ている順に、番号をつけましょう。
①
（1）やく
（2）やど
（3）やね
（4）やぶ
（5）やま

②
（1）かえで
（2）かかし
（3）かがみ
（4）からす
（5）ガラス

③
（1）こばん
（2）ごはん
（3）ごはん
（4）ごはん

④
（1）ホース
（2）ポーズ
（3）ホール
（4）ボール
（5）ポール

④ ——のことばを言い切りの形に直しましょう。
〈れい〉白い←→白い　読もう←→読む
① 魚を深く すってはく。　　ア（深い）　イ（すう）
② 口を大きく開けよう。　　ア（大きい）　イ（開ける）
③ きれいなハンカチを買った。　ア（きれい）　イ（買う）
④ いくら待っても、友だちが来ない。　ア（待つ）　イ（来る）

［P.47］ 国語辞典の使い方 ②

名前

① ——のことばを、言い切りの形に直しましょう。
① 風で落ちた葉を集める。　（落ちる）
② ゆっくり書けば、美しい字になる。　（書く）
③ ビールを飲むと、お父さんの顔が赤くなる。　（赤い）
④ きょうの練習は、とてもきつかった。　（きつい）
⑤ 公園でいっしょに遊ぼう。　（遊ぶ）
⑥ いくら待っても、友だちが来ない。　（来る）

② 国語辞典に先に出ていることばをえらんで、○をつけましょう。
① （○）あい　（　）あお
② （　）ばらばら　（○）ばらばら
③ （○）はっか　（　）はつか
④ （○）ぼうし　（　）ぼうし
⑤ （○）びょう　（　）びょう
⑥ （○）ぼたん　（　）ボタン

③ 次の文の「あたる」の意味にあうものを □からえらんで、記号を書きましょう。
① 矢がまとにあたる。　　［ア］
② 天気予報があたる。　　［ウ］
③ 日があたる。　　　　　［ク］
④ 駅は北の方にあたる。　［オ］
⑤ 頭に石があたる。　　　［エ］
⑥ くじがあたる。　　　　［カ］
⑦ 妹につらくあたる。　　［キ］

ア いじわるなたいどをとる
イ 予想通りになる
ウ ぶつかる
エ 命中する
オ その方角にある
カ よいくじをひく
キ 光がさす
ク たしかめる

物語の読み取り①　名前　月　日

① 次の文章を読んで、後の問いに答えましょう。

おじいさんは、はたらきもので、気だてもよく、だれにでもすかれているおじいさんでした。ところが、たった一つ、こまったくせがありました。それは……おならです。おじいさんは、さあ、これからごはんを食べようというときになると、きまって、大きなおならをおとすくせがあったのです。

① どんなおじいさんですか。
（　はたらきもので、気だてもよく、だ　）
（　れにでもすかれているおじいさん。　）

② 「こまったくせ」とは、何ですか。
（　おなら　）

③ いつ出るのですか。
さあ、これから、（　ごはんを食べよう　）というとき。

④ （　ごはんを食べよう　）と、同じ意味のことばに〇をつけましょう。
（　）とつぜん
（〇）かならず

② 次の文章を読んで、後の問いに答えましょう。

つぎの日は日曜日でした。三時ごろ、おかあさんはふろに水を入れておこうと思って、ふろ場のドアをあけました。
すると、どうでしょう。ふろのあらい場のかべぎわに、茶色のヘビがくるりとわになっていました。
おかあさんはピシャリとドアをしめ、まっ青になって、そこにすわりこんで、口をぱくぱくさせました。さけびたいのに声も出ません。

① どこに、何がいましたか。
ふろの（　あらい場のかべぎわ　）に、（　ヘビ　）がくるりとわになっていた。

② おかあさんは、どうなりましたか。
（　まっ青になって　）、そこに（　すわりこんで　）、口をぱくぱくさせた。

③ 口をぱくぱくさせたのは、なぜですか。
（　さけびたい　）のに声も出ないから。

物語の読み取り②　名前　月　日

① 次の文章を読んで、後の問いに答えましょう。

校門のところで井上さんは、ひとりの女の子と、ぶつかりそうになりました。
女の子は一年生くらいで、黄色のワンピースをきていました。やわらかい髪の毛の、目がくりくりっとした子です。

① 井上さんは、どこで、だれとぶつかりそうになりましたか。
どこで（　校門のところ　）
だれと（　ひとりの女の子　）

② その子は、何をきていましたか。
（　黄色のワンピース　）

③ どんな子ですか。
（　やわらかい　）髪の毛の、目が（　くりくりっとした　）子。

② 次の文章を読んで、後の問いに答えましょう。

「これ、あげる。」
女の子は、井上さんのポケットの中に、そのキャラメルをぽとんとおとすと、門のほうへかけていってしまいました。

① 女の子は、どこに、何をおとしましたか。
どこに（　井上さんのポケットの中　）
何を（　キャラメル　）

③ 次の文章を読んで、後の問いに答えましょう。

その夜、つめたいお弁当をすませたあと、ポケットのキャラメルをたべてみました。キャラメルなんてひさしぶりです。外では、冬のわすれものであるようなつめたい風がふいていましたが、口の中であまくとけるキャラメルは、胸の中まで、ほっこりあたたまる味がしました。

① 外では、どんな風がふいていましたか。
（　冬のわすれもの　）のようなつめたい風。

② どんなキャラメルですか。
口の中で（　あまくとける　）キャラメル。

③ キャラメルは、どんな味がしましたか。
胸の中まで（　ほっこりあたたまる味　）がした。

物語の読み取り③　名前　月　日

① 次の文章を読んで、後の問いに答えましょう。

それは、いつのころか、けんとうもつかないほどのおおむかし、ア 一族のある村の、としよりのふうふがすんでいました。ふたりはいつも、「子どもがほしい、子どもがほしい。」とおもっていましたが、すっかりこしのまがってしまっても、イ 子どもは、うまれません。
ある日のこと、おばあさんは、あんまりさびしいので、うらの池のほとりで、じっと考えこんでいました。ひとりでに、なみだがこぼれて、ぼとーんと、池の中におちました。
ウ、池の中から、白いかみの老人があらわれて、
「なぜ、なくのじゃ。」
と、やさしく、たずねました。

① どこに、だれが住んでいましたか。
どこに（　一族のある村　）
だれが（　としよりのふうふ　）

② ふたりはいつも何と思っていましたか。
（　子どもがほしい、子どもがほしい。　）

③ ア と イ にあうことばを からえらん で、書きましょう。
ア（　まだ　）
イ（　すると　）

やっと　もう　まだ
けれども　すると　しかし

④ ある日、だれが、どこで、どのように考えこんでいましたか。
だれが（　おばあさん　）が
どこで（　うらの池のほとり　）で
どのように（　じっと　）考えこんでいた。

⑤ おばあさんのさびしい気持ちがわかる文に、線を引きましょう。

⑥ 池の中からあらわれたのは、だれですか。
（　白いかみの老人　）

⑦ 「　」の人は、何とたずねましたか。
（　なぜ、なくのじゃ。　）

物語の読み取り④　名前　月　日

① 次の文章を読んで、後の問いに答えましょう。

ちいさなヌーチェは、北国の男の子です。
ツンドラの野原のテント小屋に、うまれました。
トナカイのちちをのみ、トナカイとかけっこして、大きくなった。
目は、氷の下におよぐ魚のように、ぴちぴちひかって、元気な子どもでした。

※ツンドラ……一年のほとんどは、氷がはっていて、夏だけコケなどが生える平原。

① ヌーチェは、どこで、うまれましたか。
（　ツンドラの野原のテント小屋　）

② どのようにして、大きくなりましたか。
（　トナカイのちち　）をのみ、（　トナカイとかけっこ　）して、大きくなった。

③ ヌーチェはどんな子どもですか。
ほっぺたは、 まっか か。
目は、 ぴちぴち ひかっている。
元気な 子ども。

② 次の文章を読んで、後の問いに答えましょう。

ナナカマドの実が赤くうれて、秋がきます。そして、カモたちが南へわたると、ツンドラの野原は、白い雪と氷におおわれます。
いよいよ、ツンドラのきせつです。
男たちは、アザラシがりのきせつがきました。そろって海へでかけました。ちびっこのヌーチェも、りょうにいきたくてなりません。

① 秋がくると、次のものはどうなりますか。
カモたち（　南へわたる。　）
ツンドラの野原（　白い雪と氷におおわれる。　）

② いよいよ、何のきせつがきましたか。
（　アザラシがり　）のきせつ

③ ヌーチェは、どうしたいのですか。
（　りょうにいきたくてならない。　）

物語の読み取り⑤

名前　　　月　日

次の文章を読んで、後の問いに答えましょう。

「あった！」
コウくんのマフラーは、はやしのはずれのくぼみにおちていました。
くさいろのマフラーをとったら、フキノトウが三つ、とけかかったゆきのあいだからかおをのぞかせていました。
ネコヤナギのかたいつぼみがゆれて、ゆきどけのにおいがしました。
（おまえ、□をつれてきてくれたんだな）
と、コウくんは、こころのなかで、
「みんながかおをみあわせた」
ヒュルル ヒュルルと北風はわらって、港のとおくにふきすぎていきました。

〈くさいろのマフラー〉［日隈　稔］教文文化

① おちていたのは、だれのマフラーですか。
　コウくん（　　　　）のマフラー。
② マフラーは、どこからおちていましたか。
　（はやしのはずれのくぼみ）におちていた。
③ マフラーをとったら、何がありましたか。
　（フキノトウが三つ　）
④ ③は、どこからおちていましたか。
　（とけかかったゆきのあいだから）おちていた。
⑤ 「あ。」と声を出したのは、どうしてでしょう。あうものに○をつけなさい。
　（　）こわくてどきっとしたから
　（○）思いがけないことで、びっくりしたから
⑥ 「みんながかおをみあわせた」のは、なぜですか。あうものに○をつけなさい。
　（　）うれしかったから
　（○）こまったから
　（　）うたがっているから
⑦ □には、どきせつのことばが入りますか。あうものに○をつけなさい。
　春（　）秋（　）夏（　）冬（○）
⑧ ○○には、どんなことばが入りますか。あうものに○をつけなさい。
　コウくん（　）　北風（○）
⑨ ⑧は、どのようにしてふきすぎていきましたか。
　（ヒュルル ヒュルルとわらって）ふきすぎていった。

説明文の読み取り②

名前　　　月　日

① 次の文章を読んで、後の問いに答えましょう。

まるはなばちは、口をとがらせて、みつをすいます。
花粉が、かおやからだにつきます。その花粉を足でそうじして、うしろ足のかごにあつめます。
まるはなばちは、みつや花粉を巣にもちかえり、子どもたちのえさにするのです。

〈ミツバチのひみつ〉世界 英昭〈みんなと学ぶ　小学校国語二年上〉学校図書

① まるはなばちは、どのようにして、みつをすいますか。
　（口をとがらせて）、みつをすう。
② 花粉は、どこにつきますか。
　（かおやからだ　　）につく。
③ その花粉をどうしますか。
　（足でそうじ）して、
　（うしろ足のかご）にあつめる。
④ まるはなばちは、巣に持ち帰ったみつや花粉を何にしますか。
　（子どもたちのえさ）にする。

② 次の文章を読んで、後の問いに答えましょう。

ネコの顔の触毛は、広げると顔を取りまく大きな円のような形になります。
ネコは、この円の直径と同じはばがある所なら、どこでも通りぬけられます。
ネコは、この触毛を使って、どこを通れるかを決めているのです。
また、ネコは、えものを見つけると、しっかりと見てから、前足をふみ出して地面を近づきます。
この時ネコは、えものを見なくても物にぶつからずに、えものに近づくことができるのです。
ネコは、足もとを見なくても物にぶつからずに、地面をさぐりながら進んでいるので、
す。

〈ネコのひげ〉坪井 美治〈みんなと学ぶ　小学校国語二年上〉学校図書

① ネコの顔の触毛は、広げるとどんな形になりますか。
　（大きな円のような形　）
② ネコは、触毛を使って、何を決めているのですか。
　（通れるかどうか）
③ ネコは、えものを見つけると、どのように近づきますか。
　（しっかりと見つめたまま近づく　）
④ ネコは、足もとを見なくても物にぶつからずに、えものに近づくことができるのは、なぜですか。
　（触毛を使って、地面をさぐりながら進んでいる）から。

「なぜですか」とりゆうを聞かれているから「〜から」と答えているよ

説明文の読み取り①

名前　　　月　日

① 次の文章を読んで、後の問いに答えましょう。

みかんの葉の上に、アゲハチョウのよう虫を見つけました。それは、黒っぽい色で、小鳥のふんににていました。

① それは、何をさしますか。
　アゲハチョウ のよう虫
② それは、どんな色で、何ににていましたか。
　（黒っぽい　）色で、
　（小鳥のふん　）ににていた。

② 次の文章を読んで、後の問いに答えましょう。

ザリガニの子どもは、生まれてから二週間ぐらいは、お母さんのおなかにくっついてくらします。そこが、子どもにとって、一番安全な場所だからです。

① そこは、何をさしますか。
　お母さんのおなか
② で、ザリガニの子どもは生まれてから、どのくらいくらしますか。
　二週間 ぐらい。
③ そこは、どんな場所ですか。
　一番安全な（　　）場所。

③ 次の文章を読んで、後の問いに答えましょう。

牛にゅうには、体にひつようなえいようが、いろいろふくまれています。そのなかでも、ほねや歯をつくるカルシウムがほうふです。それが、足りないと、いらいらしたり、ほねが弱くなったりします。

① のは、何をさしますか。
　体にひつようなえいよう
② それは、何をしますか。
　カルシウム
③ のものは、何をつくる。
　ほね や歯 をつくる。
④ それが足りないと、どうなりますか。
　（いらいらしたり、ほねが弱くなったりする）。

説明文の読み取り③

名前　　　月　日

① 次の文章を読んで、後の問いに答えましょう。

こすもすの茎に、かまきりがたまごをうみつけます。
おや！たまごにちいさな黒い虫がついていますよ。
おしりにながいくだのあるちいさなはちです。
はちは、かまきりのたまごのにおいをかぎわけると、ながいくだをさしこんで、じぶんのたまごをうみます。そのたまごからかえったようちゅうは、かまきりのたまごをたべて大きくなります。
たまごのかたまりからでてきます。
つぎの年の春には、親になって、たまごのかたまりからでてきます。

〈こすもす〉坪井 美治〈みんなと学ぶ　小学校国語二年下〉新日本出版社

① かまきりは、どこにたまごをうみますか。
　（こすもすのくき　）
② たまごについている虫は、どんな虫ですか。
　（小さな黒い　）虫で、（おしりにながいくだのあるちいさな）はち。
③ はちは、どのようにして、かまきりのたまごを見つけるのですか。
　（かまきりのたまごのにおいをかぎわけて見つける。）
④ はちのようちゅうは、何を食べて大きくなりますか。
　（かまきりのたまご　）を食べて大きくなる。
⑤ （　）に入ることばをえらんで、○をつけましょう。
　（　）小さな黒い　（○）それとも
　（　）けれども
⑥ 文章の内ようの順になるように、（　）に番号を書きましょう。
　（⑦　）はちがたまごをうみつける。
　（　）それとも
　（①　）かまきりがたまごをうむ。
　（②　）はちが親になって、たまごの
　（③　）はちのようちゅうが大きくなる。

説明文の読み取り④

名前

次の文章を読んで、後の問いに答えましょう。

植物の中には、かれずに冬をすごすものがあります。

1 寒い所でタンポポを見てみると、葉をねかせて地面にはりつけ、四方八方に広げています。このような形をロゼットといいます。

2 なぜ、タンポポはロゼットで冬をすごすのでしょうか。

3 それは、葉を大きく広げると、太陽の光がたくさん当たるからです。

4 せがひくいので、つめたい風をさけることもできます。

① このような形とは、どのような形ですか。

葉を（ねかせて地面にはりつけ）、（四方八方）に（広げている）形。

② 3 と 4 は、何が書いてありますか。

　　　│　　　からえらんで、書きましょう。

　　3 （広げている　広げた）
　　4 （広げている　広げた）

実けんしたこと　答え　かんさつしたこと　問い

　　問い
3 （　　　　）
4 （　　　　）
　　答え

③ □ に入ることばをえらんで、○をつけましょう。

（○）また　　（　　）しかし
（　　）それとも

④ タンポポがロゼットで冬をすごすのは、なぜですか。

葉を（大きく広げる）と、（太陽の光がたくさん当たる）から、
せが（ひくい）ので、（つめたい風をさけることもできる）から。

詩　夕日がせなかをおしてくる

名前

次の詩を読んで、後の問いに答えましょう。

夕日がせなかをおしてくる

阪田　寛夫

夕日がせなかをおしてくる
まっかなうででおしてくる
歩くぼくらのうしろから
でっかい声でよびかける
さよなら　さよなら
さよなら　太陽
ばんごはんがまってるぞ
あしたの朝ねすごすな

夕日がせなかをおしてくる
そんなにおすなあわてるな
ぐるりふりむき太陽に
ぼくらも負けずどなるんだ
さよなら　きみたち
さよなら　太陽
ばんごはんがまってるぞ
あしたの朝ねすごすな

〔四年上　わかば　光村図書〕

① この詩は、いくつのまとまりに分かれていますか。

二つの　まとまり

② 一つ目のまとまりは、だれからだれに声をかけているのですか。

（夕日）から（ぼくら）に。

③ 二つ目のまとまりは、だれからだれに声をかけているのですか。

（ぼくら）から（太陽）に。

④ 「夕日がせなかをおしてくる」とは、どういう意味ですか。

（夕日）が子どもたちの（せなか）に強くあたっている。

⑤ あとは何のことですか。えらんで、○をつけましょう。

⑦（○）日やけしたうで
⑦（　）夕やけの光線
⑦（　）長いかげぼうし

⑥ どんな夕日ですか。えらんで、○をつけましょう。

⑦（○）らんぼうでこわい
⑦（　）力強くてやさしい
⑦（　）気が弱くてさびしがりや

⑦ いから、子どもたちのどんな気持ちがわかりますか。えらんで○をつけましょう。

⑦（　）もっと遊んでいたい
⑦（　）早く家に帰りたい
⑦（○）早くばんごはんを食べたい

⑧ この詩には、夕日のことを、人間がしているように表しているところがあります。二つ書きましょう。

・まっかな（うで）で（おしてくる）。
・でっかい（声）で（よびかける）。

詩　わたしと小鳥とすずと

名前

次の詩を読んで、後の問いに答えましょう。

わたしと小鳥とすずと

金子　みすゞ

わたしが両手をひろげても、
お空はちっともとべないが、
とべる小鳥はわたしのように、
地面をはやくは走れない。

わたしがからだをゆすっても、
きれいな音はでないけど、
あの鳴るすずはわたしのように、
たくさんなうたは知らないよ。

すずと、小鳥と、それからわたし、
みんなちがって、みんないい。

〔国語三上　わかば　光村図書〕

(1) あ について、（　）にあうことばを書きましょう。

① （わたし）と（小鳥）をくらべている。
② （わたし）が（お空＝とべない）が、（小鳥）は（お空をとべる）。
③ 小鳥は、空をとべる）が、（わたしは地面をはやくは走れない）。

(2) い について、（　）にあうことばを書きましょう。

① （わたし）と（すず）をくらべている。
② （わたし）が（からだをゆすっても）、（きれいな音はでない）けど、（すず）は（きれいな音がでる）。
③ すずは、きれいな音はでるけど、（たくさんなうたは知らない）、（わたしはたくさんなうたを知っている）。

(3) か と同じような使い方をしていることばを、詩の中から見つけて線を引きましょう。

け ど

(4) 作者の思いが強く表れている一行に線を引きましょう。

この世の中では、わたしたち人間がいちばんえらい。

(5) この詩には、作者のどんな思いがこめられていますか。二つえらんで、○をつけましょう。

（○）すべてのものが、一つ一つちがっていて、それぞれよさがある。
（　）みんなが、それぞれ自分勝手なことをしていい。
（○）一人一人が、大切なそんざいである。

物語文　すいせんのラッパ

名前

次の文章を読んで、後の問いに答えましょう。

そうです。今日は、すいせんが、今年はじめてラッパをふく日なのです。

はじめてラッパをふく日なので、なぜラッパをふくのかというとね、冬の間ねむっていたかえるたちに、春ですよと起きなさいと知らせてあげるためです。

すいせんは、お日さまの高さをはかったり、風のはやさをしらべたり、ときどき、もうすぐだというように、うんうん、うなずいたりしています。

葉っぱの上で、ゆらゆらゆれて、じっとまっています。あたたかい風が、ささあっとふきわたり、日の光が、一面にちりちり、すいせんは、大きくいきをすって、金色のラッパをふって、

プ・プ・パッパ・パッパラピー・ブー

すき通った音が、池をわたり、おかを上って、向こうの空にきえます。ありたけのひじをのばして、まわりを見ました。

（うん、今だ！）

すいせんは、今年はじめてラッパをふいた。

① 今日は、どんな日ですか。

すいせんが、今年はじめてラッパをふく日。

② すいせんがラッパをふくのは、だれに知らせるためですか。

冬の間ねむっていたかえるたちに知らせてあげるため。

③ すいせんは、どんなじゅんじょをしていますか。

お日さまの高さをはかったり、風のはやさをしらべたり。

④ （うん、今だ！）とすいせんが思ったとき、冬を表す文を書きました。

あたたかい風が、ささあっとふきわたり、日の光が、一面にちりました。

⑤ 金色のラッパの音は、どんな音でしたか。

プ・プ・パッパ・パッパラピー・ブー

⑥ すき通った音は、どこを通ってきえましたか。

池をわたり、おかを上って、向こうの空にきえた。

⑦ とび起きたのは、どんなかえるでしたか。

グローブみたいなかえる

そうすると、池のそばのつつじのねもとがむくっ。（あ、あそこだ、あそこだ。）ありたちは、ひじをついて、ささやきます。（むくっ。むくむくむくっ。グローブみたいなかえるが、とび起きました。）

〔三年下　新しい国語　三上　東京書籍〕

「どんな日」と聞かれているので、「〜日」と答えているよ

物語文　きつつきの商売

名前　　　　　月　日

次の文章を読んで、後の問いに答えましょう。

野うさぎは、きつつきのさし出したメニューをじっくりながめて、「これにするわ。」と言いました。
「ぶなの音です。」
「四分音符、ちょうだい。」
「しょうちしました。では、どうぞこちらへ。」
きつつきは、野うさぎをつれて、ぶなの森にやって来ました。
それから、野うさぎを、大きなぶなの木の下に立たせると、自分は、木のてっぺん近くのみきに止まりました。
「さあ、いきますよ、いいですか。」
野うさぎは、木の上から声をかけると、ぶなの木のみきを見上げました。
「では。」
きつつきは、ぶなの木のみきを、くちばしでコーンとたたきました。
コーン。
ぶなの木の音が、ぶなの森にこだましました。
野うさぎは、きつつきを見上げたまま、だまって聞いていました。きつつきも、うっとり聞いていました。
四分音符分の、うんと長い時間がすぎてゆきました。

① 野うさぎは、どんなようすで、音をえらびましたか。（　じっくりながめて　）
② 野うさぎは、メニューを、何をどれだけ注文しましたか。
何を（　ぶなの音　）
どれだけ（　四分音符（ふ）分　）
③ きつつきは、野うさぎを、どこに立たせましたか。（　大きなぶなの木の下　）
④ きつつきは、どこに止まりましたか。（　木のてっぺん近くのみき　）
⑤ きつつきが、木の上から声をかけると、野うさぎはどうしましたか。（　きつつきを見上げて、こっくりうなずきました　）
⑥ ぶなの木の音は、どんな音でしたか。（　コーン　）
⑦ ぶなの木の音は、どうなりましたか。（　ぶなの森にこだましました　）
⑧ 野うさぎは、どのようにして、音を出したきつつきを見上げましたか。（　だまって聞いていました　）
⑨ 野うさぎときつつきが、音にひたっていることがわかる一文を書きましょう。（　四分音符（ふ）分の、うんと長い時間がすぎてゆきました。　）

物語文　つり橋わたれ②

名前　　　　　月　日

次の文章を読んで、後の問いに答えましょう。

トッコはびっくりして、思わず目をつむりました。
そして、こわごわ目をあけると、そばに、かすりの着物を着た男の子が立っていたのです。
「あら、あんた、いつ来たの。」
と、トッコが聞くと、男の子は、
「あら、あんた、いつ来たの。」
と言って、にっこりしました。
「おかしな子ね。」
トッコが手をふり上げると、男の子は、
「おかしな子ね。」
と言って、にげました。
「こらっ、まねするな。」
「こらっ、まねするな。」
「まねすると、ぶつわよ。」
「まねすると、ぶつわよ。」
男の子は、わらいながら、つり橋をトントンかけていきました。
トッコも、知らないうちに、つり橋をトントンわたっていました。つり橋はゆれましたが、トッコは、もうこわいと思いませんでした。

① トッコはびっくりして、思わず目をつむった。
② こわごわ目をあけると、そばに、だれが立っていましたか。
かすりの着物（　）を着た男の子（　）が立っていた。
③ あと、トッコが聞くと、男の子は何と言いましたか。
「あら、あんた、いつ来たの。」
と、（　③　）と言ってどうしましたか。
男の子は（　にっこり　）した。
④ 男の子は、（　にっこり　）した。
⑤ トッコは、なぜ「おかしな子ね。」と言ったのですか。（　□に　）にあうことばを、上の文章から見つけましょう。　まね
⑥ 男の子は、どうしながら、つり橋をかけていった。（　わらいながら　）
⑦ 男の子は、どうしながら、つり橋をかけていった。（　わらいながら　）
⑧ このとき、トッコは、どんな思いでしたか。
（　つり橋　）が（　ゆれ　）ても（　もうこわいと思いませんでした　）。

物語文　つり橋わたれ①

名前　　　　　月　日

次の文章を読んで、後の問いに答えましょう。

「やあい、やあい、くやしかったら、つり橋わたって、かけてこい。」
山の子どもたちがはやしました。
トッコは、きゅっとくちびるをかみしめて、ゆれるつり橋を見ました。ふじづるでできた橋の下には、谷川がゴーゴーとしぶきを上げてながれています。
橋はせまいくせに、ずいぶん長くて、人が歩くと、よくゆれます。おまけに、今にもふじづるが切れそうなほど、ギュッ、ギュッと、きしむのです。だから、さすがにまけずぎらいなトッコも、足がすくんでしまいました。
「やあい、ゆう気があったら、とっとわたれ。」

① だれが、だれをはやしましたか。
だれが（　山の子どもたち　）が
だれを（　トッコ　）をはやした。
② 「きゅっとくちびるをかみしめて」から、トッコのどんな気持ちがわかりますか。
あうものに一つ、○をつけましょう。
○（　　）くやしい。
（　　）はやされて、くやしい。
（　　）ようし、がんばるぞ、つまらない。
③ 谷川は、どんなようすでながれていますか。
（　ゴーゴー　）と（　しぶきを上げて　）ながれている。
④ どんな橋ですか。
せまいくせに、（　ずいぶん長く　）て、人が歩くと、（　よくゆれます　）。今にも（　ふじづるが切れそうな　）ほど、（　ギュッ、ギュッと、きしむ　）。
⑤ 「足がすくんでしまいました」は、どんなようすですか。あうものに一つ、○をつけましょう。
○（　　）こわくて、足が一歩も出ない。
（　　）歩きたい。
（　　）速すぎて、追いつけない。
⑥ トッコの性格を表すことばを、上の文章から見つけましょう。　まけずぎらい

物語文　まいごのかぎ

名前　　　　　月　日

次の文章を読んで、後の問いに答えましょう。

ふり向くと、バスが十何台もみたいにぎゅうぎゅうになって、やって来るです。
「わたしが、時こく表をめちゃくちゃにしたせいだ。」
どうしよう。交番にも行けない。おまわりさんにしかられる。リいこは、かぎをぎゅっとにぎりしめて、立ちすくんでしまいました。
きみょうなことは、さらにおこりました。つながっていたバスが、ファーファーファーンと止まり、クラクションをファーファーファーンと鳴らしたのです。もう、交番にも行けない。
そして、リズムに合わせて、くるくると、向きや順番をかえはじめました。リいこは、目をぱちぱちさせ、そのダンスに見とれていました。
「なんだか、とても楽しそう。」
そして、はっと気づいたのです。もしかしたら、あのさくらの木も、楽しかったのかもしれない。どんぐりの実をつけたのも、きっと春がすぎてくて、みんなと遊びたかったからなんだ。ベンチも、たまには公園でねころびたいだろうし、あじ…たまには公園でねころびたい。
だって、いちどは青い空をとびたかったんだ。
「みんなも、すきにしてみたかったんだね。」
しばらくして、バスはまんぞくしたかのように、一台一台といつもの路線に帰っていきました。

① リいこは、バスがたくさんやって来たのは、なぜだと思いましたか。
わたしが、時こく表をめちゃくちゃにしたせいだと思った。
② バスが、クラクションを、がっそうするように鳴らした。
③ きみょうなことは、どんなことですか。こまっていることがわかるところに線をひきましょう。
④ バスは、リズムに合わせて、（　向き　）や（　順番　）をかえはじめた。
⑤ 見とれていたのは、どう思ったからですか。
なんだか、とても楽しそうと思ったから。
⑥ リいこは、すきに走ってみたかったことを何だと思いましたか。
いちどは青い空をとびたかった。

物語文　はりねずみと金貨

名前　　　月　日

次の文章を読んで、後の問いに答えましょう。

子ぐまははりねずみにおいつくと、いきもつかずに話しだしました。
「おじいさん、ぼく、たくさんたくさんいて。だからきっといっしょに木の下で、おやすみを言いにきたんだ。お母さんといっしょに木の下で、おやすみ言いにきたの。それで目がさめたら、またいろんなお話聞かせてね。」

そして、また、小さなちみつのつぼと、もと来た方へかけていきました。

まだ目をぱちくりしているはりねずみは、手の中の金貨を見ながら、考えました。

「はい。これはちみつのつぼから。」

はりねずみが、金貨を見ながら考えたことばを書きましょう。

（金貨は取っときだよ……か。じゃが、何のために。ほしいのはいくつもある。あったかいくつ下に、はちみつもってあるというのに。）

はりねずみは、やがて、金貨を手の中で道ばたにおき、それを道ばたにおき、わが家に向かって歩きだしました。

「だれかの役に立つかもしれんな。」

（ウラジーミル・オルロフさく　田中潔やく「新しい国語　三上」東京書籍）

① 子ぐまが（　　　）ことを書きましょう。
こぐまが（　春ごもり　冬ごもりする　）こと。
だから（　春まで会える　冬まで会えない　）こと。
それで（おやすみを言いにきた）こと。

② 「きっとだよ！」とは、何のことですか。
小さなちみつのつぼ

③ 「きっとだよ！」とは、何のことですか。また、（いろんなお話を聞かせてほしい）とは、どういうことですか。

④ はりねずみが、金貨を拾ったあたりで（　何のために　）に、金賃をどうしました。それは今朝、金賃を拾ったあたりでした。

⑤ ほしきのこはある（　何のために？　）し、あったかいくつ下（　新しいのこはある　）に、はちみつまてある（　ある。　）というのに。

⑥ はりねずみが⑤のようにしたのは、なぜでしょう。
（　だれかの役に立つかもしれない　）しれないから。

「なぜでしょう」とりゆうを聞かれているので、「〜から」と答えているよ

物語文　サーカスのライオン②

名前　　　月　日

次の文章を読んで、後の問いに答えましょう。

「なあに。わしは火には、なれていますのじゃ。」

けれども、ごうごうとふき上げるほのおはかいだんをはい上り、けむりはどの部屋からもうずまいてふき出ていた。

じんざは足を引きずりながら、男の子の部屋までたどり着いた。

部屋の中で、男の子は気をうしなってたおれていた。

じんざはすばやくだきかかえて、外へ出ようとした。けれども、表はもう、ほのおがぬうっと立ちふさがってしまった。高いのだが、思わず身ぶるいした。

石がきの上のまどから首を出したじんざは、さすがは力のかぎりほえた。

ウォーッ

じんざは、どの部屋からもうずまいてふき出ていた。

① 火事のはげしいようすを書きましょう。
ほのお（　ごうごうとふき上げる　）
けむり（　どの部屋からもうずまいてふき出る　）

② 男の子は、どこで、どうしていましたか。
（　部屋の中　）で、どうしていましたか。
（気をうしなってたおれていた）。

③ 男の子を見たじんざは、どうしましたか。
すばやくだきかかえて、外へ出ようとした。

④ 表のようすが書かれているところに、線を引きましょう。

⑤ 〜〜とは、どんな声でほえたのですか。
思わず身ぶるいした（　とても大きなきれいな声　）で、じんざのどんな声（　これ以上出ないほどの大きい　）で、じんざでも（とび下りることはできない）から。

⑥ 「ウォーッ」には、じんざのどんな思いがこめられていますか。二つえらんで、○をつけましょう。
（　）火がこわい。もうだめだ。
（　）何があっても、この子だけは助けぞ。
（　）だれか早く気づいてくれ。ここにいるんだ。

⑦ （　）わしは、火の輪を五つにしてくぐりぬけるぞ。

（川村たかし「新しい国語　三上」東京書籍）

物語文　サーカスのライオン①

名前　　　月　日

次の文章を読んで、後の問いに答えましょう。

1 男の子は、チョコレートのかけらをさし出した。
「さあ、お食べよ。ぼくと半分こだよ。」
じんざは、目を細くして受け取った。

2 じんざは、チョコレートはすきではなかった。けれども、目を細くして受けとった。じんざはうれしかったのだ。

3 それから男の子は、毎日やってきた。じんざは、もうれむらないでまっていた。

4 じんざは、もうれむらないでまっていた。やってくるたびに、男の子はチョコレートを持ってきた。

5 ある日、男の子がやってきて、とんできた。
「お母さんがれ、もうじき、たい院するんだよ。それにおづかいもたまったんだよ。あした、あのサーカスに来るんだ。火の輪をくぐるのを見に来るよ。」

6 男の子が帰っていくと、じんざは力がこもった。目がぴかっと光った。
「……よし、あした、わしはわかいときのように、火の輪を五つにしてくぐりぬけてやろう。」

① あのようすがよくわかる文を書きましょう。けれども、目を細くして受け取った文を、男の子へのじんざの気持ちが、よくわかる文を二つ書きましょう。

② サーカスに早く知らせたいことがある（　もうれむらないでまっていた　）

③ 　　　　　にあうことばを一つえらんで、○をつけましょう。
（　のり出して、うなずいて聞いていた　）

④ ⑤に、なぜですか。二つ書きましょう。
じんざに早く知らせたいことがある（　）じんざに早く会うのが、いつもよりおそくなって、（　）から。

⑤ （　）じんざに早く会うのが、いつもよりおそくなって、（　）から。

⑥ じんざは、あした何をしようと決意しましたか。
（わかいときのように）火の輪を五つにしてくぐりぬけようとする。

（川村たかし「新しい国語　三上」東京書籍）

物語文　わすれられないおくりもの①

名前　　　月　日

次の文章を読んで、後の問いに答えましょう。

あなぐまは、かしこくて、いつもみんなにたよりにされています。こまっている友達は、だれでも、きっと助けてあげるのでした。それに、大変年をとっていて、知らないことはないというぐらいもの知りでした。あなぐまは、自分の年だと、死ぬのがそう遠くはないことも、知っていました。

あなぐまは、死ぬことをおそれてはいません。死んで体がなくなっても、心はのこることを知っていたからです。だから、前のように体がいうことをきかなくなっても、くよくよしたりしませんでした。ただ、あとにのこしていく友達のことが気がかりで、自分がいつか長いトンネルの向こうに行ってしまうことが気がかりでした。

ある日のこと、あなぐまは、もぐらとかえるのかけっこに行っていました。その日は、とくに年をとったような気がしました。あと一度だけでも、おかに登りたいと思いましたが、あなぐまはどうしてもみんなといっしょに走れないので、もう無理なことです。それでも、友達の楽しそうな様子をながめているうちに、自分も幸せな気もちになりました。

（スーザン・バーレイさく・え　小川仁央やく「わすれられないおくりもの」評論社）

① どんなあなぐまですか。
かしこくて、いつもみんなにたよりにされている。
こまっている友達は、だれでも、きっと助けてあげる。
大変（年をとっていて）知らないことはないというぐらいもの知りだった。

② あというのは、なぜですか。
死んで体がなくなっても、心はのこる（あとにのこしていく友達）のこと。

③ あとにのこしていく（友達）のこと。

④ いは、どんな意味ですか。
（　）死んでしまうこと。
（　）遠い、その村に行くこと。

⑤ あなぐまは、心ぬことをおそれてはいません。あなぐまは、何をおそれていましたか。
（　）あまり悲しまないように言っていた。

⑥ （　）を見て、あなぐまはどう思いましたか。
（もぐらとかえるのかけっこ）と、あと一度だけでも、おかに登りたいと思いました。

⑦ あなぐまは何をしたかったのですか。
もぐらとかえるのかけっこ

⑧ なぜ、あなぐまは幸せな気もちになったのですか。わかる所に、線を引きましょう。

物語文　わすれられないおくりもの②　名前

次の文章を読んで、後の問いに答えましょう。

　みんなだれにも、なにかしら、あなぐまの思い出がありました。あなぐまは、一人一人に、わかれたあとでもたからものとなるような、ちえやくふうをのこしてくれたのです。みんなは、それで、たがいに助け合うこともできました。

　最後の雪が消えたころ、あなぐまがのこしてくれたもののゆたかさで、みんなの悲しみも、消えていきました。あなぐまの話が出るたびに、おくりものの、お礼が言いたくなりました。

　あるあたたかい春の日に、もぐらは、いつも登るおかに登りました。

「ありがとう、あなぐまさん。」

　もぐらは、なんだか、そばであなぐまが、聞いていてくれるような気がしました。

　そうですね――きっとあなぐまに聞こえたにちがいありませんね。

［スーザン・バーレイ 文・小川 仁央 やく『わすれられない おくりもの』 小学館　三上 教育出版］

① 「一人一人に」と同じ意味のことばを、上の文章の中からさがして、書きましょう。

みんな だれにも

② できたとは、どうすることができたことですか。
たがいに助け合う（　　　　）こと。

③ みんなの悲しみは、何で消えていったのですか。

④ （あなぐまとの）楽しい思い出

⑤ みんなが話すことができるようになったのは、何ですか。
みんなの悲しみ

⑥ もぐらは、どんな気がしましたか。
あるあたたかい春の日

⑦ もぐらは、何のお礼を言いたくなりましたか。
おくりもの　へのお礼。

⑧ 聞こえたにちがいありません。
何が聞こえたにちがいないのですか。

物語文　ちいちゃんのかげおくり①　名前

次の文章を読んで、後の問いに答えましょう。

　ちいちゃんとお兄ちゃんを中にして、四人は手をつなぎました。そして、みんなで、かげぼうしに目を落としました。

「まばたきしちゃ、だめよ。」

と、お母さんが言いました。

「まばたきしないよ。」

ちいちゃんとお兄ちゃんが、やくそくしました。

「ひとうつ、ふたあつ、みいっつ。」

お父さんが数えだしました。

「ようっつ、いつうつ、むうっつ。」

お母さんの声もかさなりました。

「ななあつ、やあっつ、ここのうつ。」

ちいちゃんとお兄ちゃんも、いっしょに数えだしました。

「とお。」

目の動きといっしょに、白い四つのかげぼうしが、すうっと空に上がりました。

「すごい。」

と、ちいちゃんが言いました。

「すごい。」

と、お兄ちゃんも言いました。

「今日の記念写真だなあ。」

と、お父さんが言いました。

「大きな記念写真だこと。」

と、お母さんが言いました。

　次の日、お父さんは、白いたすきをかたからななめにかけ、日の丸のはたに送られて、列車に乗りました。

［あまん きみこ『国語三下 あおぞら』光村図書］

① 「目を落としました」とは、どうしたのですか。
下にある（かげぼうし）を（見た）。

② ちいちゃんとお兄ちゃんは、何をやくそくしましたか。
（まばたきしない）こと。

③ 数を数えだしたじゅんに、家族を書きましょう。
（お父さん）
（お母さん）
（ちいちゃんとお兄ちゃん）

④ 「とお。」のことばでわかることに、○をつけましょう。
（　）心がつながっていて、なかがいい。
（　）明るくて、にぎやかである。
（　）自分の気持ちを考えている。

⑤ みんなで数を数えだしたことから、家族のどんな気持ちがわかりますか。一つえらんで○をつけましょう。
（すごい）

⑥ ○○とばかり考えている。
○をつけましょう。

⑦ 「今日」とは、どんな日ですか。
お父さんが戦争に行く（前）の日。

⑧ お母さんが言った言葉を書きましょう。
「大きな記念写真だこと。」

物語文　ちいちゃんのかげおくり②　名前

次の文章を読んで、後の問いに答えましょう。

　夏のはじめのある夜、くうしゅうけいほうのサイレンで、ちいちゃんたちは目がさめました。

「さあ、急いで。」

お母さんの声。外に出ると、もう、赤い火が、あちこちに上がっていました。

　お母さんは、ちいちゃんとお兄ちゃんを両手につないで、走りました。

　風の強い日でした。風があっというまにひろがって、燃えていきます。

「こっちに火が回るぞ。」

「川の方ににげるんだ。」

だれかがさけんでいます。ほのおのうずが追いかけてきました。

　お母さんは、ちいちゃんをだき上げて走りました。ちいちゃんはお兄ちゃんをおんぶしました。ひどいけがです。足から血が出ています。

　たくさんの人に追いぬかれたり、ぶつかったり――ちいちゃんは、お母さんとはぐれました。

「お母ちゃん、お母ちゃん。」

ちいちゃんはさけびました。

［あまん きみこ『国語三下 あおぞら』光村図書］

① ちいちゃんたちは、何で目がさめましたか。
くうしゅうけいほうのサイレン

② 外に出ると、どうなっていましたか。
もう、赤い火が、あちこちに上がっていた。

③ ちいちゃんは、どうしましたか。
お兄ちゃんを両手につないで、走った。

④ ほのおのうずが追いかけてきました。
火が回って、せまってきていることがわかる文を二つ書きましょう。

⑤ ほのおのうずは、どうしましたか。

⑥ お母さんが、ちいちゃんをだき上げて走ったのは、なぜですか。

⑦ ちいちゃんが、お兄ちゃんをおんぶしたのは、どうしてですか。
お兄ちゃんが、ころんで、足から血が出たから。

⑧ ちいちゃんは、どんなようすがわかりますか。
〈れい〉ひっしでお母さんをさがしているようす。

物語文　三年とうげ①　名前

次の文章を読んで、後の問いに答えましょう。

　お日様が西にかたむき、夕やけ空がだんだん暗くなりました。

　ところがたいへん。あんなに気をつけて歩いていたのに、おじいさんは、石につまずいて転んでしまいました。

　おじいさんは真っ青になり、がたがたふるえました。

　家にすっとんでいき、おばあさんにしがみつき、おいおいなきました。

「ああ、どうしよう、どうしよう。わしのじゅみょうは、あと三年じゃ。三年しか生きられぬのじゃあ。」

　その日から、おじいさんは、ごはんも食べずに、ふとんにもぐりこみ、とうとう病気になってしまいました。

　お医者をよぶやら、薬を飲ませるやら、おばあさんはつきっきりで看病しました。村の人たちもみんな心配しました。

けれど、おじいさんの病気はどんどん重くなるばかり。

［李 錦玉『国語三下 あおぞら』光村図書］

① あとは、だれが、どうしたのですか。
（おじいさん）が（石につまずいて）（転んでしまった）

② ①のあと、おじいさんのようすを表す文を書きましょう。
転んでしまった

③ おじいさんが気をつけていたのは、どんなことですか。
転ばないように歩くこと。

④ ○○とは、どんな方ですか。一つえらんで○をつけましょう。
（　）声をたてずに、よわよわしく
（　）なみだをぽろぽろ流して
（　）声をあげて、はげしく

⑤ おじいさんは、どうなってしまいましたか。
（　）のように（　病気　）になってしまった。

⑥ ⑤のようになったのは、なぜですか。
あと三年しか生きられない

⑦ □には、どんなことばが入りますか。一つえらんで、○をつけましょう。
（　）そして
（　）けれども
（　）やがて

物語文　三年とうげ②　〔P.72〕

名前　月　日

次の文章を読んで、後の問いに答えましょう。

おじいさんの病気はどんどん重くなるばかり。村の人たちもみんな心配しました。
そんなある日のこと。水車屋のトルトリが、みまいに来ました。
「おいらの言うとおりにすれば、おじいさんの病気はきっとなおるよ。」
「どうすればなおるんじゃ。」
おじいさんは、ふとんから顔を出しました。
「なおるとも。三年とうげで、もう一度転ぶんだよ。」
「なんじゃと。わしに、もっと早く死ねと言うのか。」
「そうじゃないんだよ。一度転べば三年生きるんだろ。二度転べば六年、三度転べば九年、四度転べば十二年。このように、何度も転べば、うんと長生きできるはずだよ。」
おじいさんは、しばらく考えていましたが、うなずきました。
「うん、なるほど、なるほど。」
そして、ふとんからはね起きると、三年とうげに行き、わざとひっくり返り、転びました。

① あの意味として、よいものはどれですか。一つえらんで、○をつけましょう。
（　）きっと、おじいさんの病気は重くなっていく。
（　）ぜったいなおらない。
② おじいさんの病気が重くなっていく日。
（　）トルトリがみまいに来た日。
③ いとは、三年とうげで、もう一度（　）こと。
④ うの「そう」は、どの文をさしていますか。
（と、もっと早く死ね）と言うのか。
⑤ えとは、どんな考えにうなずいたのですか。
何度も転べば、うんと長生きできるはずだという考え。
⑥ うなずいたただしいさんは、どうしましたか。それがわかる文に、線を引きましょう。

物語文　モチモチの木②　〔P.74〕

名前　月　日

次の文章を読んで、後の問いに答えましょう。

モチモチの木ってのはな、豆太がつけた名前だ。小屋のすぐ前に立っている。
秋になると、茶色いぴかぴか光った実を、いっぱいふり落としてくれる。その実を、じさまが、木うすでついて、こなにひいてくれる。こなにしたやつをもちにこね上げて、ふかして食べると、ほっぺたが落っこちるほどうまいんだ。
「やい、木い、モチモチの木い、実い落とせぇ。」
なんて、昼間は木の下に立って、いばってさいそくしたりするくせに、夜になると、豆太はもう、しょんべんなんか出なくなっちまう。
じさまが、しゃがんだひざの中に豆太をかかえて、「ああ、いい夜だ。星に手がとどきそうだ。おく山じゃぁ、しかやくまめらが、鼻ちょうちん出してねむってyがるべ。それ、シイーッ」って言ってくれなきゃ、とっても出やしない。

① モチモチの木は、どんな木ですか。小屋のすぐ前に立っている、（てっかいでっかい）木。
② どうして、モチモチの木とよぶのですか。茶色い（　実　）を、（じさま）が（木うす）でひいて、（こな）にして、それを（もち）にして食べるから。
③ （ほっぺたが落っこちるほど）うまい。
④ 豆太は、昼間はモチモチの木にどんなふうにしますか。（いばってさいそくしたり）する。
⑤ 豆太は、夜のモチモチの木がどうすると思っていますか。木が（おこって）、両手を（お化けぇ。）って、おどろかす。
⑥ 夜になると、豆太がどうなることがわかる部分に、線を引きなさい。
⑦ じさまは、なぜ〜の話をするのですか。一つえらんで、○をつけなさい。
（　）豆太がこわがらないように。
（　）豆太が早くねむれるように。
（　）豆太がしょんぼりしないように。

物語文　モチモチの木①　〔P.73〕

名前　月　日

次の文章を読んで、後の問いに答えましょう。

全く、豆太ほどおくびょうなやつはない。もう五つにもなったんだから、夜中に、一人でせっちんぐらいに行けたっていい。
ところが、豆太は、夜になると、一人じゃしょんべんもできないのだ。
空いっぱいのかみの毛をバサバサとふるって、両手を「わあっ」とあげる。そんな大きなモチモチの木がつっ立っていて、夜中には、空いっぱいのかみの毛をバサバサとふるって、両手を「わあっ」とあげる。

① 語り手は、豆太のことをどう言っていますか。豆太ほど（おくびょうなやつはない）。
② ①のように言うのは、なぜですか。もう（五つ）にもなったのに、夜中に、（一人でせっちん）にも行けないから。
③ 夜中に、空いっぱいのかみの毛をバサバサとふるって見えるのは、モチモチの木がどんなふうに見えるのですか。
④ じさまが「じさまぁ。」って、どんなに小さい声で言っても、じさまは、どうして（すぐ目をさましてくれる）。
⑤ じさまは、豆太のことをどう思っていましたか。（かわいそうで、かわいかった）。
⑥ 豆太のおとうやじさまは、どんな人ですか。一つえらんで、○をつけましょう。
（　）おくびょうな人
（　）こわい人
（○）どきょうのある人

物語文　モチモチの木③　〔P.75〕

名前　月　日

次の文章を読んで、後の問いに答えましょう。

豆太は、真夜中に、ひょっと目をさました。頭の上で、くまのうなり声が聞こえたからだ。
「じさまぁっ。」
むちゅうでじさまにしがみつこうとしたが、じさまはいない。
「ま、豆太、心配すんな。じさまは、ちょっとはらがいてえだけだ。」
けれども、じさまは、じさまのはらへひっついてた手を、ぐっとおして、まくら元で、くまみたいに体を丸めてうなっていたのは、じさまだった。
「じさまっ。」
こわくて、びっくらして、じさまにとびついた。けれども、「医者様をよばなくっちゃ。」
豆太は小犬みたいに体を丸めて、表戸を体でふっとばして走りだした。
ねまきのまんま。はだしで。半道もある、ふもとの医者様へ走った。
外はすごい星で、月も出ていた。とうげの下りの坂道は、一面の真っ白い霜で、雪みたいだった。霜が足にかみついた。足からは血が出た。豆太は、なきなき走った。いたくて、寒くて、こわかったからなぁ。
でも、大すきなじさまの死んじまうほうが、もっとこわかったから、なきなき走った。

① あの正体は何でしたか。（　）に書き入れましょう。（まくら元）で、（くま）みたいに体を丸めてうなっていた（じさま）。
② じさまが⑥と言ったのは、なぜですか。豆太を（心配）させたくなかったから。
③ 豆太がひどくなっていくことがわかる文に、線を引きましょう。
④ 豆太は、医者様をよぶために、どうしましたか。（小犬みたいに体を丸めて）、表戸を（体でふっとばして走りだした）こと。
⑤ えに見えたのは、何ですか。一面の真っ白い霜（しも）。
⑥ 霜が（足にかみついた）から。
⑦ 足から血が出たのは、なぜですか。
⑧ 豆太がなきなき走った一番の理由は何ですか。大すきなじさまの死んじまうほうが、もっとこわかったから。

りゆうを聞かれているので、「〜から」と答えているよ

説明文　自然のかくし絵②　名前

次の文章を読んで、後の問いに答えましょう。

こん虫をかんさつしてみると、一日のうちのきまった時間だけ活動し、ほかの時間はじっと休んでいます。多くのこん虫は、この長い時間休むときの色に、にた色をしています。じっとしているかぎり、ほご色は、身をかくすのに役立ちます。

□にあうことばを一つえらんで、○をつけましょう。

こん虫が自分の体の色と同じような色をした所にいたとしても、動いたときには、鳥やトカゲなどに食べられてしまうことがあります。ちょっとした動作を見のがさない、するどい目を持っているからです。

このように、ほご色は、どんな場合でも役立つとはかぎりません。てきにかこまれながらもこん虫が生きつづけるのに、ずいぶん役立っているのですが、ほご色は、自然のかくし絵だということができるでしょう。

（矢島　稔「新しい国語　三上」東京書籍）

① こん虫をかんさつしてみると、どんなことがわかりましたか。
（　決まった時間だけ　活動　し、ほかの時間は　じっと休む　。）

② 多くのこん虫は、どんな場所の色にた色をしていますか。
（　長い時間休む　場所の色）

③ ほご色が役立つのは、どんなときですか。
（　じっとして　身をかくす　）。

④ □にあうことばを一つえらんで、○をつけましょう。
（　だから　　○ところが　　しかも　）

⑤ ほご色でも、どんなとき、だれに食べられますか。
（　動いた　）とき
（　鳥やトカゲ　）に食べられてしまうことがある。

⑥ ほご色は、どんな場合でも役立つとはかぎりません。
（　持っている　）とは、何のことですか。
（　するどい目　）を見のがさない。
（　ちょっとした動作　）。

⑦ ほご色とは何だということができますか。
（　自然　のかくし絵　）。

説明文　こまを楽しむ　名前

次の文章を読んで、後の問いに答えましょう。

日本は、世界でいちばんこまのしゅるいが多い国だといわれています。では、どんなこまがあるのでしょう。また、どんな楽しみ方ができるのでしょう。

色がわりごまは、回っているときの色を楽しむこまです。こまの表面には、もようがえがかれています。ひもを引っぱって回すと、もように使われている色がまざり合い、元の色とちがう色にかわります。同じこまでも、回す速さによって、見える色がかわってきます。

鳴りごまは、回っているときの音を楽しむこまです。こまのどうは大きく、中がくうどうになっていて、どうの横には、細長いあながあいています。ひもを引っぱって回すと、あなから風が入りこんで、ボーッという音が鳴ります。その音がかわり、その動きを楽しむのは「うなりごま」とも呼ばれるのは、さか立ちごまは、とちゅうから回り方がかわり、はじめはふつうに回るのですが、回っていくうちに、だんだんかたむいていき、さいごは、さかさまにおき上がって回ります。そして、さいごは、さかさまにおき上がって回る。

（安藤正樹「わたしたちの国語　三上」光村図書）

① この文章の問いを二つ書きましょう。
（日本のこまは、どんなこまがあるのでしょう）
（日本のこまは、どんな楽しみ方ができるのでしょう）

② 色がわりごまは、何を楽しむこまですか。
（回っているときの色）

③ 色がわりごまは、回すと、どうなりますか。
（もように使われている色がまざり合い、元の色とちがう色にかわる。）

④ 同じこまでも、何で見える色がかわりますか。
（回す速さ）から。

⑤ 鳴りごまは、何を楽しむこまですか。
（回っているときの音）

⑥ 鳴りごまは、回すとどうなりますか。
（ボーッという音）

⑦ 鳴りごまが、「うなりごま」んて、ボーッという音が鳴る。
（うなりごま）

⑧ さか立ちごまは、どうなりますか。
はじめは（ふつうに回る）
だんだん（かたむいていく）
さいごは（さかさまにおき上がって回る）

説明文　ミラクル　ミルク　名前

次の文章を読んで、後の問いに答えましょう。

まず、一つめの*ミラクルは、ヨーグルトへの変身です。動物のミルクを利用しはじめたのは、今のエジプトの近くにすむ人たちです。この地方では、暑いときには日中の気温が五十度近くにもなるところ。ここにミルクをおきっぱなしにすると、いろいろな菌が空気中からとびこんできて、どんどんふえていきます。この菌が入ると、ミルクの中に、にゅうさん菌がどんどんふえていきます。それまで、水のようにさらっとしていたミルクが、だんだんどろっとしてきて、少しすっぱいあじになります。食べてみると、水のように□を。

これが「ヨーグルト」です。ヨーグルトは、人間がミルクから作り出したさいしょの食べ物だといわれています。多くは、牛のミルクから作りますが、国によってらくだやぎのミルクからも作ります。

（中西敏夫「みんなと学ぶ　小学校国語　三年上」学校図書）

① 一つめのミラクルは、何ですか。
（ヨーグルト　への変身）

② あ「この地方とは、どこですか。
（今のエジプトの近く）

③ い「ここ」とは、どこですか。
（日中の気温が五十度近くにもなるところ）

④ う「このとき」とは、いつですか。
（いろいろな菌が空気中からとびこんでくるとき。）

⑤ え「いろいろな菌（きん）」が（空気中から）とびこんでくると。
次の□にあうことばを書きましょう。
ミルクは　にゅうさん　菌をはじめ。

⑥ お「ミルクは　変身　をはじめる。

⑦ ⑥は、どうなることですか。
（水のようにさらっとしていた）ミルクが、（だんだんどろっとしてくる）

⑧ ⑦は、どんなあじですか。
（少しすっぱいあじ）

⑨ かでできたのは、何ですか。
（ヨーグルト）

⑩ ⑧は、どんな食べ物だといわれていますか。
（人間がミルクから作り出したさいしょの食べ物）

説明文　自然のかくし絵①　名前

次の文章を読んで、後の問いに答えましょう。

木のみきにとまったはずのセミや、草のしげみに下りたはずのバッタを、ふと見うしなうことがあります。セミやバッタは、木のみきや草の色と見分けにくい体の色をしています。まわりの色と見分けにくい色をしているので、てきから身をかくすのに役立ちます。身をかくすのに役立つ色のことをほご色といいます。

こん虫は、ほご色によって、どのようにてきから身をかくしているのでしょうか。

たとえば、コノハチョウの羽は、表はあざやかな青とオレンジ色ですが、うらは、かれ葉のような色をしています。それに、羽をとじたときの形も木の葉そっくりです。そのため、木のえだにとまっていると、えだにのこったかれ葉と見分けがつきません。

（矢島　稔「新しい国語　三上」東京書籍）

① セミやバッタを見うしなったのは、どこですか。
セミ（　木のみき　）
バッタ（　草のしげみ　）

② は、どんな色をしていますか。
（木のみきや草の色と見分けにくい色）

③ は、どんなことに役立ちますか。
（てきから身をかくすのに役立つ。）

④ 「ほご色」とは、どんな色のことですか。
（身をかくすのに役立つ）色のこと。

⑤ コノハチョウの羽は、どんな色をしていますか。
表は（あざやかな青）と（オレンジ色）

⑥ コノハチョウの羽のうらは、どんな色をしていますか。
（かれ葉のような　色）

⑦ コノハチョウが羽をとじたときの形は、どんなふうになっていますか。
（木の葉そっくり）

⑧ コノハチョウが木のえだにとまっていると、何と見分けがつかないのですか。
（えだにのこったかれ葉）

説明文　合図としるし　名前　月　日

次の文章を読んで、後の問いに答えましょう。

げんかんのチャイムが鳴ると、だれかがたずねてきたことが分かります。また、消防車や救急車、パトロールカーなどは、それぞれちがった音のサイレンを鳴らしながら走ります。これらは、決まった音を使って、人がたずねてきたことや火事や事故などで急いでいる車が走っていることをわたしたちに知らせてくれます。音には、目に見えないところにいる人に、何かをつたえるというよさがあります。

交差点にある信号機は、青や黄や赤の色で、組み分けやなかま分けがあることを、それぞれどんな合図を出します。「止まれ」という合図を出します。「すすめ」「注意」「止まれ」という合図は、目に見えることができ、色を使った合図やしるしには、青、などやくそくを決めて、色のシールをはって目じるしにすることもあります。

これらは、色で区別することで、意味や、組み分けやなかま分けがあることを知らせてくれます。

① 次の音で、何がわかりますか。
・げんかんのチャイム（　　）（人）がたずねてきた（　　）こと
・消防車や救急車、パトロールカーなどの音のサイレン（　　）火事や事故などで急いでいる（　　）車が走っている

② 音を使った合図のよさは、何ですか。（　　）目に見えないところにいる人に、何かをつたえる（　　）よさ。

③ 信号機の次の色は、それぞれどんな合図を出しますか。
青…（すすめ）　黄…（注意）
赤…（止まれ）

④ 運動会のリレーで、組ごとにバトンの色をかえるのは、なぜですか。（おたがいの目じるしにする）ため。

⑤ 色を区別することは、わたしたちに何を知らせてくれますか。（意味や、組み分けやなかま分けがあること）を知らせてくれる。

⑥ 色を使った合図やしるしのよさは、何ですか。（見てすぐ分かるという）よさ。

> 「よさは、何ですか」と聞かれているので、「〜よさ」と答えているよ

説明文　めだか①　名前　月　日

次の文章を読んで、後の問いに答えましょう。

① めだかは、のんびり楽しそうに泳いでいるようですが、いつも、たくさんのてきにねらわれているのです。「げんごろう」や「やご」、「みずかまきり」などの、水の中にいるこん虫や「ざりがに」などにもおそわれます。「たがめ」や「みずかまきり」などは、とくにこわいてきです。大きな魚やどにもおそわれます。

② めだかは、小川や池の水面や「ざりがに」にもおそわれます。大きな魚や、水面近くでくらして、身を守ります。水面近くには、やごやみずかまきりなどのてきがあまりいないからです。

③ 第一に、めだかは、小川や池のそこやごみの中にもぐって、身を守ります。近づいてきたてきから、さっとにげることができるからです。

④ 第二に、めだかは、すいっ、すいっとすばやく泳いで、水をにごらせ、身を守ります。近づいてきたてきから、にげることができるからです。

⑤ 第三に、めだかは、小川や池のそこにもぐっていって、どのようにかくれることができるのでしょうか。

⑥ 第四に、めだかは、何十ぴきも集まって泳ぐことによって、身を守ります。てきを見つけためだかが、きけんがせまっていることを仲間に知らせると、みんないっせいにちらばって、にげることができるからです。

① めだかのてきとは、何ですか。
（たがめ）（げんごろう）
（やご）（みずかまきり）などの
（水の中）にいる（何）こん虫

② めだかが、小川や池の水面近くでくらしているのは、なぜですか。（　　）から。

③ めだかが、水面近くを泳ぐのは、なぜですか。（　　）から。

④ めだかが、小川や池のそこにもぐっていって、近づいてきたてきから、さっとにげることができるのは、なぜですか。（　　）から。

⑤ めだかが、すばやく泳いできたてきから、にげることができるのは、なぜですか。（　　）から。

⑥ めだかが、てきを見つけたときに、何十ぴきも集まって泳ぐのは、なぜですか。（　　）から。

⑦ この文章の問いは、何について書かれていますか。めだかの【身の守り方】

問い…２　答え…３から６まで

> 「なぜですか」とりゆうを聞かれているので、「〜から」と答えているよ

説明文　めだか②　名前　月　日

次の文章を読んで、後の問いに答えましょう。

① めだかの体は、自然のきびしさにもたえられるようになっているのです。

② 夏の間、何日も雨がふらないと、小川や池の水がどんどんなくなり、「ふな」や「こい」などは、次々に死んでしまいます。でも、めだかは、体が小さいので、わずかにのこされた水たまりでもだいじょうぶです。

③ ［　イ　］、雨がたくさんふって、きけんがどんどん上がりますが、めだかは、水温が四十度近くまでは、たえられます。

④ ［　ウ　］、小さな水たまりでは、水温が上がることもあります。大雨になると、めだかは、小川や池の水があふれて、まみずにすむ魚は、大きな川から海におし流されてしまうこともあります。まみずにすむ魚は、海水では生きることができず、海水の中では死んでしまう。めだかの体は、海水でもたえられるようにできていて、みちしおに乗って、川にもどることもあります。海に流されためだかは、やがて、みちしおに乗って、川にもどることもあります。

① めだかの体は、どのようになっていますか。（自然のきびしさにもたえられる）ようになっている。

② ［ア］［イ］［ウ］にあうことばを書きましょう。
ア・イ・ウからえらんで書きましょう。
ア（でも）　イ（また）　ウ（一方）

③ 夏の間、何日も雨がふらないと、めだかはどうなりますか。（　　）

④ （　　）のときに、めだかがだいじょうぶなのは、なぜですか。（体が小さいから）

⑤ めだかは、水温がどのくらいになっても、たえられますか。（四十度近く）まで

⑥ 大雨になると、どこへ流されますか。（大きな川や海）

⑦ 「ふつう」、まみずにくらす魚はどうなりますか。（海水では生きることができない）

⑧ ④に説明されているのは、どこですか。（まみずに海水のまざる川口近くや海）

説明文　ほしたらどうなる①　名前　月　日

次の文章を読んで、後の問いに答えましょう。

では、わたしたちは、何のために食べ物をほすのでしょう。ほすことの目的の一つめは、そのままでは食べられないものを、食べられるようにすることです。ほしがきは、しぶがきをほして作ります。しぶがきは、そのままでは食べられません。しかし、ほすことで、しぶ味がぬけてあまくなり、食べられるようになるのです。

これはまた、食品を長もちさせることにもなります。生の食べ物をそのままおいておくと、カビなどの目に見えない小さな生物がくっつき、それらがふえて、食べ物の水分がふくまれているため、カビなどの目に見えない小さな生物がくっつき、それらがふえて、くさってしまいます。そこで、ほすことによって、水分を少なくし、くさりにくく、長もちするようにしているのです。

今ではほとんどの家に冷ぞう庫や冷とう庫がありますが、少し前の日本では、食べ物をその目的のもそうではありませんでした。一度にたくさんの魚がとれる場合や、野菜のとれる時期がかぎられている場合など、むだになってしまします。食べきれない分はくさってしまい、むだになってしまいます。食べきれない分は、少しでも長い間食べられるように、ほすことがひつようだったのです。

① ほすことの目的の一つめは、何ですか。そのままでは食べられないものを（　　）。

② そのれいにあげられているものは、何ですか。（ほしがき）

③ ②が食べられるようになるのは、なぜですか。（しぶ味がぬけてあまくなる）から。

④ ほすことの目的の二つめは、何ですか。（食品を長もちさせる）こと。

⑤ 生の食べ物をそのままおいておくと、どうなりますか。（カビなどがくっつき、ふえて、くさってしまう）

⑥ ⑤のようになるのは、なぜですか。（食べ物に水分がふくまれている）から。

⑦ ほすことによって、食べ物はどうなりますか。（水分が少なくなり、くさりにくく、長もちするようになる）

⑧ それらとは、何ですか。（カビなどの目に見えない小さな生物）

⑨ ⑧がないと、魚や野菜はどうなりますか。（食べきれない分はくさってしまい、むだになってしまう）

⑩ ほすことがひつようだったのは、なぜですか。（少しでも長い間食べられるようにする）ため。

> 「なぜですか」とりゆうを聞かれているので、「〜から」と答えているよ

説明文　ほしたらどうなる②

名前

月　日

次の文章を読んで、後の問いに答えましょう。

　日本にあるほしたものの中で、とくに世界にじまんのできる長もちで味のよいものが、かつおぶしです。かつおぶしを作るには、まず、かつおの身だけを取り出し、それをにた後にいぶしつづけます。そして、ほすことと人間が食べることのできるカビをつけることをくり返します。できあがります。カビの力を使うことで、ほしただけでは取り切れないくらいの水分がぬけ、かつおぶしは木のようにかたくなり、くさりにくくなります。かつおぶしのすばらしさは、とくにべつな味がする、うまみがぎゅっとつまったところです。うすくけずってくらべてみてください。

　わたしたちの身近にある、ほしたもの。それは自然のめぐみと昔の人のくふうのけっしょうです。肉や魚、野菜などのそざい。太陽の光と風とちえ。食べ物を大切にし、長もちさせるためのくふうだったほすことに、そざいをおいしくするためのくふうがくわわって、一年を通しておいしいものが食べられるのです。

① かつおぶしは、どんなものですか。
　（　日本のあるほしたものの中で、とくに世界にじまんのできる長もちで味のよいもの。　）

② ①で、かつおの身だけを取り出し、それをにた後にどうしますか。
　（　いぶしつづける。　）

③ かつおぶしは、どのようになりますか。
　（　木のようにかたくなり、くさりにくくなる。　）

④ うまみがぎゅっとつまったかつおぶしの味は、どんな味ですか。
　（　うすくけずってとくべつな味。　）

⑤ かつおぶしが、和食をささえているとも言えるのは、なぜですか。
　（　おいしいだしを作るためには、かかせないものであるから。　）

⑥ 自然のめぐみと昔の人のくふうを大切にし、長もちさせるためのくふうだったほすこととは、何ですか。
　（　肉や魚、野菜など　）
　（　太陽の光と風　）

⑦ 昔の人のくふうのけっしょうとは、どういうことですか。
　（　食べ物を大切にし、長もちさせることに、そざいをおいしくするためのくふうがくわわっていること。　）

説明文　すがたをかえる大豆②

名前

月　日

次の文章を読んで、後の問いに答えましょう。

① 大豆をちがう食品にするために、何の力をかりますか。
　（　目に見えない小さな生物　）の力

② 次のものを作るときにかりる①の名前を書きましょう。
　ナットウキン…（　むした大豆　）
　みそやしょうゆ…（　コウジカビ　）

③ なっとうには、どんな力を使いますか。
　（　ナットウキン　）
　（　コウジカビ　）
　（　むした大豆　）

④ みそのざいりょうをまぜ合わせまぜた大豆にコウジカビの力をかりてにてつぶした米か麦に、どのくらいおいておくと、みそになりますか。
　（　半年から一年の間　）

⑤ とり入れる時期をくふうした食べ方は、何ですか。
　（　えだ豆　）
　（　もやし　）

⑥ 育て方をくふうした食べ方は、何ですか。

⑦ はどうしてつくりますか。
　（　もやし　）

⑧ 大豆に、くふうされた多くの食べ方があるのは、なぜですか。
　（　えいよう　）
　（　土地にも　）

⑨ 筆者がおどろいていることは、何ですか。
　（　昔の人々のちえ　）

説明文　すがたをかえる大豆①

名前

月　日

次の文章を読んで、後の問いに答えましょう。

① かたい大豆は、どんな食べ物ですか。
　（　いろいろ手をくわえておいしく食べるくふう　）
　（　消化もよくない　）（そのままでは食べにくく）

② ①のため、昔からどんなことをしてきましたか。
　（　いろいろ手をくわえておいしく食べるくふう　）

③ いちばん分かりやすいのは、どうすることですか。
　（　水につけてやわらかくしてからにる。　）

④ 大豆をいると、何になりますか。

⑤ に豆は、どのようにして作りますか。
　（　豆まきに使う豆　）

⑥ 大豆をこなにしたものは何ですか。
　（　きなこ　）

⑦ 大豆にふくまれる大切なえいようだけを取り出して、ちがう食品にしたものに、何がありますか。
　（　とうふ　）

⑧ ⑦を作るときには、しぼり出したしるに何をくわえると、かたまりますか。
　（　にがり　）

説明文　ありの行列①

名前

月　日

次の文章を読んで、後の問いに答えましょう。

① この人とは、だれですか。
　（　ウイルソン（という学者）　）

② 実験で何をかんさつしましたか。
　（　ありの様子　）

③ これは、何をさしますか。
　（　ひとつまみのさとうを見つけた　）

④ はたらきありとは、どんなありですか。

⑤ えさをさがすために外に出る

⑥ ふしぎなことに、どんなことですか。

⑦ ありの様子をかんさつした順に、番号を書きましょう。
　（　）一ぴきのありが、さとうの所まで行った。
　（　）ありは、列を作って、さとうの所まで行った。
　（　）一ぴきのはたらきありが、巣に帰っていった。

ア・イ に入ることばを書きましょう。
　ア（　やがて　）　イ（　すると　）
　からして　しかし　やがて　すると

俳句

名前

月　日

① 次の文の（　）にあてはまる漢数字や、ことばを書きましょう。

① 俳句は、ふつう（五）・（七）・（五）の（十七）音からできています。

② 俳句には、きせつを表すことば――（季語）を入れて作るという決まりがあります。

② 次の俳句を読んで、問いに答えましょう。

① 雪とけて村いっぱいの子どもかな　　小林　一茶

② ひっぱれる糸まっすぐや甲虫　　高野　素十

③ 赤とんぼ筑波に雲もなかりけり　　正岡　子規

④ スケートのひもむすぶ間もはやりつつ　　山口　誓子

⑤ 山路来て何やらゆかしすみれ草　　松尾　芭蕉

⑥ さみだれや大河を前に家二軒　　与謝　蕪村

(1) 次の俳句の季語ときせつを書きましょう。（⑥をれいにして）

	①	②	③
④	雪とけて	甲虫	赤とんぼ
	春	夏	秋
	④	⑤	⑥
	スケート	すみれ草	さみだれ
	冬	春	夏

(2) 次の文はどの俳句について書かれたものでしょうか。□に番号を書きましょう。

ア あまり人の通らない山道でふと見つけたすみれの花。なんとも言えずかわいらしい。　③

イ 雪がふりつづいて、川の水かさがふえる間も心がいそぐ。早くすべりたいな。　①

ウ 赤とんぼが飛んでいる空は、まっ青にすみわたっている。遠くに村中すみに遊び回っている。遠くに筑波山が見える。　⑤

エ 雨がふりつづいて、川の水かさがふえる間も心がいそぐ。早くすべりたいな。　②

オ 糸でくくりつけられたカブトムシが、にげようとして、糸がぴんとなっている。　⑥

カ 赤とんぼたちが待ちかねている空は、いっせいに村中で遊び回っている。　④

説明文　ありの行列②

名前

月　日

次の文章を読んで、後の問いに答えましょう。

① ウィルソンは、はたらきありの体の仕組みを、細かに研究してみました。すると、ありは、おしりのところから、とくべつのえきを出すことが分かりました。

それは、においのある、じょうはつしやすいえきです。

② この研究から、ウィルソンは、ありの行列のできるわけを知ることができました。

③ はたらきありは、えさを見つけると、道しるべとして、地面にこのえきをつけながら帰るのです。他のはたらきありたちは、そのにおいをかいで、においにそって歩いていきます。そして、そのはたらきありたちも、えさを持って帰るときに、同じように、えきを地面につけながら歩くのです。えさが多いほど、においが強くなります。

④ このように、においをたどって、えさの所へ行ったり、巣に帰ったりするのです。

(大滝哲也「国語三下　あおぞら」光村図書)

① ウィルソンは何を研究しましたか。（はたらきありの体の仕組み）

② ありは、どんなことが分かりましたか。（おしりのところ）から、（とくべつのえきを出す）ことが分かった。

③ それは、どんなえきですか。（においのある、じょうはつしやすい）えき。

④ この研究から、ウィルソンは、ありの行列のできるわけを知ることができました。（ありの行列のできるわけを知る）ため

⑤ はたらきありが、地面にえきをつけながら帰るのは、なぜですか。（道しるべ）とするため

⑥ （　）にあうことばをえらんで、○をつけましょう。（○）そのため（　）しかし（　）ところで

⑦ このように、においをたどって、さの所へ行ったり、巣に帰ったりするのです。３のまとまり

⑧ なぜ、ありの行列ができるのですか。①から③のどのまとまりをさしていますか。３のまとまり

ことわざ

名前

月　日

① 次のことわざの意味と同じ意味のことわざを、　　からえらんで書きましょう。

① さるも木から落ちる　（かっぱの川流れ）

② 馬の耳にねんぶつ　（ねこに小ばん）

③ 石橋をたたいてわたる　（弘法にも筆のあやまり）

④ あぶはち取らず　（二兎を追う者は一兎をもえず）

かっぱの川流れ

ねこに小ばん

弘法にも筆のあやまり

ねんにはねんを入れる

二兎を追う者は一兎をもえず

ぶたに真じゅ

② 次のことわざの意味にあうものを、　　からえらんで、記号を書きましょう。

① ちりもつもれば山となる　（オ）

② 百聞は一見にしかず　（エ）

③ さばを読む　（イ）

④ 三人よれば文じゅの知え　（カ）

⑤ 千里の道も一歩から　（ウ）

⑥ 泣き面にはち　（キ）

⑦ 七転び八起き　（ク）

ア どんなに大きな計画や事業でも、一つ一つの作業から始まるということ。

イ 自分の都合のいいように、数をごまかすこと。

ウ 何度も人の話を聞くよりも、自分の目で一度見るほうがずっとたしかであること。

エ 何度失敗しても、くじけずにがんばること。

オ とても小さなものでも、つもりつもれば山のように大きなものになること。

カ どんな問題でも、三人集まって考えれば、よい考えがわいてくるものだということ。

キ つらいことや苦しいことがあるのに、さらに悪いことが起こること。

ク 数えること。

説明文　人をつつむ形

名前

月　日

次の文章を読んで、後の問いに答えましょう。

大草原の白い家――モンゴル

見わたすかぎりの草原に点々と白いものがあります。近づくと、それは何かをつつんだような形をしているのが分かります。羊や馬を放牧してくらす人々の家、ゲルです。

ゲルは、移動できる組み立て式の家で、水を手に入れやすく、羊や馬が食べる草が生える所にたてられます。家のほねは木でできていて、そのほね組みをフェルトでおおうと、すぐに家を組み立てることができます。フェルトは羊の毛でできているため、きびしい冬の寒さをしのぐことができます。

屋根がさかさま――セネガル

エルバリン村は、大きな川が海に注ぐ所の近くにあります。人々は、田で米を作ったり、川で魚や貝をとったりして生活しています。

この村の中心にある家の屋根は、じょうごのような形をしています。井戸をほってもしおからい水しか出ないため、屋根で雨水を家の中に取りこんで、飲み水として利用するのです。

この家の屋根は、米をしゅうかくした後に生えているマングローブのみきでささえられています。

(小松義夫「新しい国語 三下」東京書籍)

① 草原に点々とある白いものは、どんな形をしていますか。何かをつつんだような（　）形

② ①は、何ですか。羊や馬を放牧してくらす人々の（　）家

③ ②の名前は、何ですか。（　グル　）

④ ③は、どんなところにたてられますか。水を手に入れやすく、羊や馬が食べる草が生える（　）所。

⑤ ③は、どうやって作りますか。（木　）でできたほね組みを（羊の毛　）でできた（フェルト　）でおおう。

⑥ エルバリン村は、大きな川が海に注ぐ所の近くにあります。

⑦ エルバリン村の中心にある家の屋根は、どんな形をしていますか。（じょうご　）のような形

⑧ ⑦で（雨水を家の中に取りこんで、飲み水として利用する）ため。

⑨ 屋根は、何でささえられていますか。米をしゅうかくした後に生えているマングローブのみき（　）

⑩ 屋根をささえているのは、何ですか。マングローブのみき（　）

[P.94]

ローマ字で地名や人名を書くときは、はじめの１文字を大文字で書きます。

① れいのように、地名・名前をローマ字で書きましょう。
〈れい〉 なら Nara

① ほっかいどう　Hokkaidô
② とうきょう　Tôkyô
③ ひろしま　Hirosima
④ おきなわ　Okinawa
⑤ びわこ　Biwako
⑥ しなのがわ　Sinanogawa

② れいのように、人名をローマ字で書きましょう。
〈れい〉 さか本りょうま Sakamoto-Ryôma

① 夏目そう石　Natume-Sôseki
② ひ口一葉　Higuti-Itiyô

ローマ字には、今まで書いてきた書き方（訓令式）と少しちがう書き方（ヘボン式）があります。

訓令式	ヘボン式	訓令式	ヘボン式	訓令式	ヘボン式
し si	shi	ち ti	chi	ぢ(じ) zi	ji
しゃ sya	sha	ちゃ tya	cha	ぢゃ(じゃ) zya	ja
しゅ syu	shu	ちゅ tyu	chu	ぢゅ(じゅ) zyu	ju
しょ syo	sho	ちょ tyo	cho	ぢょ(じょ) zyo	jo
っ tu	tsu	ふ hu	fu	を o	o(wo)

③ 表を見て、読み方をひらがなで書きましょう。
① shashin（しゃしん）② shôbôsha（しょうぼうしゃ）③ tsuki（つき）
④ michi（みち）⑤ ryokucha（りょくちゃ）⑥ jagaimo（じゃがいも）
⑦ Kotoshi no natsu wa atsui.（ことしのなつはあつい。）
⑧ Ojisan ni omocha o moraimashita.（おじさんにおもちゃをもらいました。）
⑨ Chûrippu ni chôcho ga chikazuita.（ちゅーりっぷにちょうちょがちかづいた。）

ローマ字③　名前　月　日

[P.92]

① 次のローマ字の読み方をひらがなで書きましょう。
① ari（あり）② sakana（さかな）③ nanohana（なのはな）
④ kumo（くも）⑤ takenoko（たけのこ）⑥ husigi（ふしぎ）
⑦ megane（めがね）⑧ yasai（やさい）⑨ renkon（れんこん）
⑩ wasabi（わさび）⑪ genki（げんき）⑫ banana（ばなな）

② 次のローマ字の読み方を、ひらがなで書きましょう。
① kôtei（こうてい）② hôsenka（ほうせんか）③ yôkan（ようかん）
④ tôdai（とうだい）⑤ sansû（さんすう）⑥ bôken（ぼうけん）

③ 次のことばをローマ字で書きましょう。
① えほん ehon　② くすり kusuri　③ せかい sekai
④ とんぼ tonbo　⑤ ぬりえ nurie　⑥ はなび hanabi
⑦ パンダ panda　⑧ みどり midori　⑨ ゆきぐに yukiguni
⑩ わかめ wakame　⑪ りんご ringo　⑫ だいこん daikon

④ 次のことばをローマ字で書きましょう。
① ひこうき hikôki　② ふうせん hûsen　③ ゆうれい yûrei
④ おかあさん okâsan　⑤ おねえさん onêsan　⑥ そうじ sôzi

ローマ字①　名前　月　日

「￣」は、のばす音を表す「a、i、u、e、o」の上に書きます。

のばす言葉に気をつけて

[P.93]

① 次のローマ字の読み方をひらがなで書きましょう。
① kingyo（きんぎょ）② tosyositu（としょしつ）③ tyawan（ちゃわん）
④ syûzi（しゅうじ）⑤ kyûkyûsya（きゅうきゅうしゃ）⑥ gyûnyû（ぎゅうにゅう）
⑦ kitte（きって）⑧ nekko（ねっこ）⑨ sippo（しっぽ）
⑩ takkyû（たっきゅう）⑪ gakki（がっき）⑫ bikkuri（びっくり）

② 次のローマ字の読み方をひらがなで書きましょう。
① kin'iro（きんいろ）② sen'en（せんえん）③ ten'in（てんいん）
④ hon'ya（ほんや）⑤ sin'yû（しんゆう）⑥ kin'yôbi（きんようび）

③ 次のことばをローマ字で書きましょう。
① でんしゃ densya　② おもちゃ omotya　③ りょかん ryokan
④ きゅうり kyûri　⑤ しょうねん syônen　⑥ ちゅうしゃ tyûsya
⑦ かっぱ kappa　⑧ きっぷ kippu　⑨ にっき nikki
⑩ がっこう gakkô　⑪ バッタ batta　⑫ しゃっくり syakkuri

④ 次のことばをローマ字で書きましょう。
① きんえん kin'en　② ふんいき hun'iki　③ まんいん man'in
④ じゅんい zyun'i　⑤ こんや kon'ya　⑥ パンや pan'ya

ローマ字②　名前　月　日

「'」は、はねる音「ん（n）」の後に a・i・u・e・o やyが来るときつけます。

'を使って書こう

• • 118 • •

学力の基礎をきたえどの子も伸ばす研究会

HPアドレス　http://gakuryoku.info/

常任委員長　岸本ひとみ
事務局　〒675-0032 加古川市加古川町備後 178-1-2-102 岸本ひとみ方 ☎・Fax 0794-26-5133

① めざすもの

　私たちは、すべての子どもたちが、日本国憲法と子どもの権利条約の精神に基づき、確かな学力の形成を通して豊かな人格の発達が保障され、民主平和の日本の主権者として成長することを願っています。しかし、発達の基盤ともいうべき学力の基礎を鍛えられないまま落ちこぼれている子どもたちが普遍化し、「荒れ」の情況があちこちで出てきています。

　私たちは、「見える学力、見えない学力」を共に養うこと、すなわち、基礎の学習をやり遂げさせることと、読書やいろいろな体験を積むことを通して、子どもたちが「自信と誇りとやる気」を持てるようになると考えています。

　私たちは、人格の発達が歪められている情況の中で、それを克服し、子どもたちが豊かに成長するような実践に挑戦します。

　そのために、つぎのような研究と活動を進めていきます。
　①　「読み・書き・計算」を基軸とした学力の基礎をきたえる実践の創造と普及。
　②　豊かで確かな学力づくりと子どもを励ます指導と評価の探究。
　③　特別な力量や経験がなくても、その気になれば「いつでも・どこでも・だれでも」ができる実践の普及。
　④　子どもの発達を軸とした父母・国民・他の民間教育団体との協力、共同。

　私たちの実践が、大多数の教職員や父母・国民の方々に支持され、大きな教育運動になるよう地道な努力を継続していきます。

② 会　　　員

・本会の「めざすもの」を認め、会費を納入する人は、会員になることができる。
・会費は、年 4000 円とし、7 月末までに納入すること。①または②

①郵便振替　口座番号　00920-9-319769　名　称　学力の基礎をきたえどの子も伸ばす研究会	②ゆうちょ銀行　店番099　店名〇九九店　当座0319769

・特典　研究会をする場合、講師派遣の補助を受けることができる。
　　　　大会参加費の割引を受けることができる。
　　　　学力研ニュース、研究会などの案内を無料で送付してもらうことができる。
　　　　自分の実践を学力研ニュースなどに発表することができる。
　　　　研究の部会を作り、会場費などの補助を受けることができる。
　　　　地域サークルを作り、会場費の補助を受けることができる。

③ 活　　　　　動

全国家庭塾連絡会と協力して以下の活動を行う。
・全 国 大 会　全国の研究、実践の交流、深化をはかる場とし、年 1 回開催する。通常、夏に行う。
・地域別集会　地域の研究、実践の交流、深化をはかる場とし、年 1 回開催する。
・合宿研究会　研究、実践をさらに深化するために行う。
・地域サークル　日常の研究、実践の交流、深化の場であり、本会の基本活動である。
　　　　　　　　可能な限り月 1 回の月例会を行う。
・全国キャラバン　地域の要請に基づいて講師派遣をする。

全 国 家 庭 塾 連 絡 会

① めざすもの

　私たちは、日本国憲法と子どもの権利条約の精神に基づき、すべての子どもたちが確かな学力と豊かな人格を身につけて、わが国の主権者として成長することを願っています。しかし、わが子も含めて、能力があるにもかかわらず、必要な学力が身につかないままになっている子どもたちがたくさんいることに心を痛めています。

　私たちは学力研が追究している教育活動に学びながら、「全国家庭塾連絡会」を結成しました。

　この会は、わが子に家庭学習の習慣化を促すことを主な活動内容とする家庭塾運動の交流と普及を目的としています。

　私たちの試みが、多くの父母や教職員、市民の方々に支持され、地域に根ざした大きな運動になるよう学力研と連携しながら努力を継続していきます。

② 会　　　員

本会の「めざすもの」を認め、会費を納入する人は会員になれる。
会費は年額 1500 円とし（団体加入は年額 3000 円）、7 月末までに納入する。
会員は会報や連絡交流会の案内、学力研集会の情報などをもらえる。

事務局　〒564-0041　大阪府吹田市泉町 4-29-13　影浦邦子方 ☎・Fax 06-6380-0420
郵便振替　口座番号　00900-1-109969　名称　全国家庭塾連絡会

国語習熟プリント　小学3年生　大判サイズ

2020年7月30日　発行

著　者　細川　元子

編　集　金井　敬之

発行者　面屋　洋

企　画　フォーラム・A

発行所　清風堂書店

　　　　〒530-0057　大阪市北区曽根崎2-11-16
　　　　TEL 06-6316-1460／FAX 06-6365-5607

振　替　00920-6-119910

制作編集担当　藤原　幸祐　☆☆
表紙デザイン　ウエナカデザイン事務所　1032
日本音楽著作権協会（出）許諾第2005689-001